„Kommunikation übersetzt Zielsetzungen in konkrete Handlungen."

Herrn
Juan Navarro
freundlichst überreicht
vom Verfasser
[illegible]
Februar 1990.

Ronald W. Ady/Götz Hohenstein

Die 100 Gesetze erfolgreicher Unternehmensführung

Ronald W. Ady / Götz Hohenstein

Die 100 Gesetze erfolgreicher Unternehmensführung

Wirtschaftsverlag Langen-Müller / Herbig

Für
Herta Hohenstein,
ohne deren Anregungen, Kritik
und Fürsorge dieses Buch nicht
zustande gekommen wäre.

Ronald W. Ady/Götz Hohenstein

1. Auflage März 1986
2. Auflage Oktober 1986
3. Auflage 1989

Schutzumschlag: Christel Aumann, München
Satz: Fotosatz Völkl, Germering
Gesamtherstellung: Jos. C. Huber KG, Dießen
Printed in Germany
ISBN 3-7844-7178-1

»Im modernen Staatswesen dirigieren
die Männer, die mit Menschen umzugehen
wissen, diejenigen, die nur mit Sachen
umzugehen wissen.«

(Will und Ariel Durant)

OFFERTE

Inhaltsverzeichnis

Vorwort

Es gibt weit mehr als 100 Management-Gesetze.
Die Autoren haben diejenigen ausgewählt und kommentiert, die ihnen sowohl wichtig als auch kontrovers erscheinen.
Deswegen fehlt ein Kapitel über die Managementfunktion Kontrollieren.
Letztere war von jeher das sorgsam gehütete Prärogativ einer Führungskraft, selten vernachlässigt, kaum strittig und keineswegs dynamisch; denn Kontrollieren fotographiert nur den Hinterteil der Geschichte:

»Kontrollen verraten, was geschehen ist oder was geschieht; durch sie werden aber die Dinge nicht vorangetrieben.«

(George S. Odiorne)

Einleitung

Managen ist die Fähigkeit, Erfolge durch Dritte zu erzielen.
Nur der, der delegiert, führt.
Die Autoren vertreten den Standpunkt, daß ein Manager soviel wie möglich zu delegieren hat. Delegieren

erhöht seine Leistungsfähigkeit,
vergrößert seine Führungsspanne,
vereinfacht die Organisationsstruktur,
erleichtert die Kommunikation.

Sie sind aber der Ansicht, daß dies überhaupt *nichts* mit einem weichen oder *demokratischen Führungsstil* zu tun hat; schon gar nichts mit »laissez-faire«.
Die Autoren sind mißtrauisch gegenüber *Entscheidungsfindungen* auf numerischer Basis.
Sie bedauern Führungskräfte, die nicht den Mut zur *Rücksichtslosigkeit* aufbringen, wenn es die Situation erfordert.
Sie sind überzeugt, daß Mitarbeiter eine klare Führung mit *eindeutigen Anweisungen* wünschen.
Sie haben gelernt, daß sich *positive* und *negative* Motivationsfaktoren zwangsläufig ergänzen.
Und sie lehnen alle *Mythen* und *Ideologien* ab, weil sie den Blick auf die harte Realität des Managements verstellen.
Anders ausgedrückt, sie meinen:
»Manager müssen wieder führen.«

RANG

Planen

Planen ist eine Auswahl
zwischen Alternativen.

Planen

Gesetz-Nr.

1.	Theorie
2.	Neue Perspektiven
3.	Unternehmensziele
4.	Entscheidung heute
5.	Alternativen
6.	Mitarbeiter
7.	Wachstum
8.	Wechsel und Änderungen
9.	Risiken
10.	Ungewißheit
11.	Gewinnmaximierung
12.	Symptome und Ursachen
13.	Öffentlichkeit
14.	Überleben

Gesetz Nr. 1

Die Praxis des Management erfordert theoretisches Wissen.

»Nichts ist praktischer als eine gute Theorie.«

(Immanuel Kant)

Eine Theorie ist eine Lehre zur Erklärung eines Fragenkomplexes. Ihr Studium vermittelt die Fähigkeit, systematisch zu denken.

In den 20er Jahren gab es zwei Schulen in der Physik. Die eine war die sogenannte Experimentelle Physik, die nur auf Laborversuchen aufbaute, die zweite war die Theoretische Physik, die zu ihrem namhaftesten Vertreter Albert Einstein zählt.

Als 1933 die theoriefeindlichen Nationalsozialisten an die Macht kamen, erklärten sie die Experimentelle Physik für deutsch, nordisch, germanisch, nationalsozialistisch und die Theoretische Physik für jüdisch, dekadent, international.

Wie jedermann weiß, wanderten daraufhin die theoretischen Physiker in Scharen aus Deutschland aus. Und, was taten diese Theoretiker? Sie gingen nach Amerika, und sie machten etwas eminent Praktisches: Sie bauten die Atombombe.

Ein reiner Praktiker, dem mangels theoretischen Wissens der *große Überblick* fehlt, wird frühzeitig an die Grenzen seiner Möglichkeiten stoßen.

Gesetz Nr. 2

Die dynamische Unternehmung entdeckt laufend neue Perspektiven.

»Was heute in den USA passiert, ist ein tiefgreifender Wandel von der Management- zur Unternehmer-Wirtschaft.«

(Peter F. Drucker)

Wir leben in einer Zeit, deren gesellschaftliche, technologische und wirtschaftliche Veränderungen nur in den Ereignissen vor und nach der Jahrhundertwende von 1500 n. Chr. eine Parallele finden.
Das Tempo der Neuerungen ist atemberaubend.
Letzten Endes verhindern diese Veränderungen, vor allem die technologischen, jede gesellschaftliche Stabilität.
Das hat die Herausforderungen an die Unternehmensführung potenziert.
Zu diesen Herausforderungen gehört das Aufspüren neuer Perspektiven, eines der Kennzeichen *hervorragender* Unternehmer. Sie sind mit dem gegenwärtigen Erfolg nicht zufrieden. Sie beobachten gesellschaftliche Trends, sie erkunden neues Konsumverhalten, sie befassen sich mit dem Einsatz neuer Technologien, der Entwicklung neuer Produkte- und Dienstleistungs-Strategien.
Sie wissen, daß das Überleben davon abhängt, mit welchem Tempo sie umstellen und umorganisieren können.
Sie sind ihrer Konkurrenz voraus, weil sie zukünftige Entwicklungen frühzeitiger als andere *alternativ* durchdacht haben.
Wie Peter Drucker sagt: Sie managen nicht nur (im Sinne von verwalten), sie unternehmen.
Sie sind broad-minded, nicht narrow-minded.

Gesetz Nr. 3

Unternehmensführung beginnt mit der Festlegung der Unternehmensziele.

»To manage means to manage by objectives.«

(Peter F. Drucker)

Peter F. Drucker war der erste (1954), der formuliert hat, daß der Unternehmensführer *zielorientiert* arbeitet.
Ohne Zielsetzungen gibt es keine Richtung, keine Orientierung und kein gemeinsames Fundament.
In diesem Zusammenhang muß sich die Unternehmensführung mit der kritischen Frage auseinandersetzen, »in welcher Art Geschäft sind wir eigentlich«.
Die heute erfolglosen, defizitären amerikanischen Eisenbahngesellschaften, die vor 100 Jahren eine gewaltige politische und wirtschaftliche Macht waren, lernten zu spät, daß sie nicht im Schienengeschäft, sondern im Transportgeschäft sein sollten.
Das Interesse dieser Gesellschaften begann und endete am Bahnhof. Genau wie das der Deutschen Bundesbahn, die ebenfalls alle Neuentwicklungen im Transportgeschäft an sich vorbeifahren ließ und sich heute noch nicht darum kümmert, wie ihre Passagiere zum und vom Bahnhof gelangen oder wo sie ihre Autos parken können.
Umgekehrt, die *erfolgreiche* Deutsche Bundespost hat vom ersten Tage an verstanden, daß sie nicht im Brieftransportgeschäft, sondern im Kommunikationsgeschäft ist.
Das bedeutet, daß sie alle Erfindungen im Kommunikationswesen sofort aufgriff und sich einverleibte. Zuerst die Postkarte, die im übrigen von dem ersten Reichspostminister Heinrich von Stephan erfunden wurde, dann das Telefon, das Radio, das Fernsehen, den Fernschreiber und jetzt das Kabelfernsehen. Die Eisenbahngesellschaften dagegen hatten keine klaren objectives.

Gesetz Nr. 4

Planen ist eine Entscheidung heute, damit morgen etwas geschieht.

»Das Schwerste ist der Entschluß.« (Franz Grillparzer)

Im Juni 1903 gründete Henry Ford seine Unternehmung. 4 Monate später, im Oktober, war sein erster PKW fertig. Das Modell T produzierte er von 1908 bis 1927, also 19 Jahre lang.

Heute benötigt man für die Entwicklung eines PKW's 3–5 Jahre, von dem ersten Strich auf dem Reißbrett bis zum verkaufsfertigen Produkt. Und dann wird dieser PKW in nur 4 Jahren abgeschrieben.

Diese totale Umkehrung von Entwicklungszeit und Lebensdauer eines Produkts unterstreicht mehr als alles andere die Notwendigkeit einer langjährigen Planung.

Planen ist das Gegenteil von Treibenlassen. Es ist Agieren anstatt Reagieren.

Die Planung entwickelt Zielsetzungen unter Berücksichtigung der vorhandenen Ressourcen, die immer knapper werden; und unter Berücksichtigung aller Umstände, denen sich das Unternehmen anpassen muß.

Planen kann das unternehmerische Risiko nicht beseitigen. Aber Planen macht das Risiko bewußter.

Gleichzeitig müssen wir der Tatsache ins Auge sehen, daß Planen die freie Marktwirtschaft zunehmend einengt.

Gesetz Nr. 5

Jede Planung verlangt Alternativplanungen.

»Ja, mach nur einen Plan,
Sei nur ein großes Licht,
Und dann mach einen zweiten Plan,
Geh'n tun sie beide nicht.«

(Bert Brecht)

Jede Planung verlangt ergänzende Alternativplanungen, um auf *mehrere Eventualitäten vorbereitet* zu sein.
Zu welcher Katastrophe es führen kann, wenn man keine Alternativen vorbereitet hat, bewies der 1. Weltkrieg. Der deutsche Generalstab trat in den Krieg ein mit dem Schlieffen-Plan, der französische mit dem Plan 17. Drei Wochen nach Kriegsausbruch, am 24. August 1914, brach Joffre seine Offensive in Lothringen und in den Ardennen ab. Er trat einen geordneten Rückzug an.
An diesem Tage, an dem die Franzosen ihren Plan 17 begruben, starb auch der Schlieffen-Plan, und die Deutschen verloren den Krieg (und nicht erst in der endlos diskutierten Marneschlacht, 14 Tage später!).
Eine Armee, die sich geordnet zurückzieht und ihren bedrohten Flügel laufend verstärkt, kann nicht umzingelt und vernichtet werden.
Obwohl beide Generalstäbe sich jahrzehntelang auf diese Stunde vorbereitet hatten, verfügten sie über keine Alternativplanung und erwiesen sich gegenüber der neuen Situation als völlig hilflos. Mit sinnlosen, blutigen Offensiven demonstrierten sie ihre Ideen- und Planlosigkeit.
Jede Unternehmung muß *alternative Planungen* vorbereiten, um allen denkbaren Möglichkeiten gewachsen zu sein; einschließlich der Option für einen *geordneten Rückzug.* Eine Kunst, die nur wenige beherrschen.
Wilhelm Schaaf war mit der AEG erfolgreich.
Manfred Meier-Preschany kämpft noch um die Rettung der Neuen Heimat.

Gesetz Nr. 6

Manager setzen realistische Ziele für und mit ihren Mitarbeitern.

»Ohne Einvernehmen können gemeinsame Ziele nicht gemeinsam angegangen werden.« (Robert Holzach)

Die Festlegung realistischer Ziele für unsere Mitarbeiter bedeutet zuerst und vor allem, daß die *Zielsetzungen gemeinsam erarbeitet* werden; und zwar derart, daß der Mitarbeiter überzeugt ist, diese Ziele gemeinsam mit seinem Chef und seinen Kollegen erreichen zu können.
Es führt zu nichts, einem Marketing-Direktor zu sagen: »Der Verkauf muß in den nächsten zwei Jahren um 40% steigen.«
Wenn man weiß, daß dies ein unerreichbares Ziel ist, wird es der Mitarbeiter auch wissen.
Also,
Zielsetzungen gemeinsam erarbeiten;
diese Ziele ganz konkret definieren;
und klarstellen, wie man diese Ziele Schritt für Schritt erreicht – gemeinsam.
Und immer daran denken:
Wenn die Zielsetzung falsch ist, so ist alles andere auch falsch.

Gesetz Nr. 7

Wachstum ist nicht immer lebensnotwendig.

»Unbegrenztes Wachstum im endlichen Raum ist auf die Dauer nicht möglich.« (Konrad Lorenz)

Eine der Maximen unserer Wirtschaftsordnung lautet, daß alle Probleme durch eine angemessene *jährliche Zuwachsrate* des Brutto-Sozialproduktes gelöst werden können. (Dies ist eine Maxime nicht nur *unserer* Wirtschaftsordnung. Gorbatschow predigt seinen Leuten das gleiche.)
Ebenso ist es sakrosankt, daß eine Unternehmung ohne eine gesunde Zuwachsrate nicht lange werde überleben können.
Beide Lehren werden immer brüchiger.
Kurt Biedenkopf: »Gesellschaften, die dauernd expandieren müssen, sind nicht dauerhaft lebensfähig. Sie gefährden die Umweltbasis, von der sie leben, ihre Zukunftschancen und damit letztlich sich selbst.«
Entscheidend für das Überleben einer Unternehmung ist die Entwicklung und das Vermarkten *neuer Produkte* oder *Dienstleistungen.* Das muß nicht notwendigerweise mit quantitativem Wachstum schlechthin identisch sein. Warum sich nicht auf *qualitatives Wachstum* konzentrieren.
Trotzdem muß sich jedes Unternehmen Ziele setzen.
Auch ein Unternehmen ohne Wachstum benötigt Zielsetzungen – bei Strafe des Untergangs.

Gesetz Nr. 8

Ohne neue Ideen und Innovationen gibt es kein Überleben.

»Erst dann ist aus einer guten Idee eine Innovation geworden, wenn sie sich in der Praxis bewährt hat.«

(Konrad Henkel)

Neue Ideen sind notwendig, damit ein Unternehmen überleben kann.
Innovationen sind das Lebenselixier einer Unternehmung.
Eine Organisation, der keine *fortlaufende Erneuerung* gelingt, bekommt Atrophie und stirbt.
Peter F. Drucker: »Unternehmer sehen Wandel als die Norm und als etwas Gesundes.«
Dies ist keineswegs immer selbstverständlich.
»Promotion from within – Beförderung von innen.«
Nur langjährige Mitarbeiter können Karriere machen. Dies war seit jeher das Markenzeichen von General Motors.
Es bedeutet Kontinuität.
Es kann Inzucht bedeuten.
Seit Jahrzehnten ist General Motors kein technischer Durchbruch gelungen.
John de Lorean versuchte es zu ändern:
»Change from within – Wandel von innen.«
Er scheiterte.

Gesetz Nr. 9

Ein guter Manager setzt nicht alles auf eine Karte.

»Das Risiko befindet sich irgendwo zwischen der absoluten Gewißheit und der absoluten Ungewißheit.«

(Samuel L. Certo)

Ständig predigt man, die Unternehmer sollen risikofreudiger sein. Die Prediger sind in der Regel Leute in Staatsstellungen, mit einem gesicherten Einkommen, und, nicht zu vergessen, mit Pensionsberechtigung.
Große Unternehmer, ebenso wie große Staatsmänner oder Generäle, sind *niemals vermeidbare Risiken* eingegangen.
Was General Robert Lee, den militärischen Genius des amerikanischen Bürgerkriegs, zu einem tödlichen Gegner machte, war seine Bereitschaft, alles auf eine einzige Karte zu setzen. Aber – er war immer der Schwächere, und der Schwächere, will er gewinnen, muß auf »Alles« oder »Nichts« setzen.
Es war Bismarck, der gesagt hat, *Selbstbeschränkung* zeichne den Staatsmann aus.
Das gilt auch für den Unternehmer.

Gesetz Nr. 10

Unternehmensführung beinhaltet ein Element der Ungewißheit.

»Leute, die Gewißheit benötigen, werden selten gute Unternehmer sein.« (Peter F. Drucker)

Das Kennzeichen aller wirtschaftlichen Betätigung ist, vorhandene, gegenwärtige Ressourcen in Erwartung künftiger Erträge einzusetzen.
Und das bedeutet natürlich Ungewißheit und Risiko.
Aber keine der unternehmerischen Persönlichkeiten, die Peter F. Drucker in seinem langen Leben kennengelernt hat, war übermäßig *risikofreudig*. Sie wußten ihre Möglichkeiten sehr genau einzuschätzen: A calculated risk, ein *kalkuliertes Risiko*, war alles, was sie bereit waren einzugehen.

Gesetz Nr. 11

Der höchstmögliche Gewinn ist nicht immer das erste unternehmerische Ziel.

»Sobald eine Firma zu einer gewissen Größe angewachsen ist und sich einiger Kontrolle über die Preise erfreut, kann sie es sich oft erlauben, nicht mehr ausschließlich nach Höchstgewinn zu streben.« (Paul A. Samuelson)

Wir unterscheiden zwischen dem Streben nach *Gewinnmaximierung*, dem absolut höchsten Gewinn, und dem Streben nach *Rentabilitätsoptimierung*, dem relativ höchsten Gewinn, bezogen auf das (von den Eigentümern, Aktionären, Gesellschaftern) investierte Kapital (Return on Investment).
Viele Unternehmer machen sich über diese mehr als subtile Unterscheidung wenig Gedanken.
Es ist das Verdienst von Du Pont de Nemours, dem größten Chemiekonzern, auf diesen wichtigen Punkt schon 1919 hingewiesen zu haben. Die Erhaltung des Bestehenden ist oftmals das primäre unternehmerische Ziel, und fast immer ist die Rentabilitätsoptimierung interessanter als die Gewinnmaximierung.

Gesetz Nr. 12

Symptome und Ursachen sind sauber zu trennen.

»Das Herz der Krankheit ist das Blut. Alles andere ist oberflächlich.« (Hippokrates)

Symptomhandlungen sind in der Psychoanalyse Fehlleistungen oder Fehlhandlungen. Warum sind sie so häufig? Viele Menschen haben niemals gelernt, zwischen Ursachen und Symptomen zu unterscheiden. Sie nehmen alles so, wie es scheinbar zu Tage liegt. Ihr Denken ist verfestigt. Sie bewegen sich innerhalb künstlich geschaffener Ideensysteme (Ideologien). Der moderne Manager dagegen ist flexibel, kritisch und dynamisch.
Ein deutsches Großunternehmen zog von einem Altbau mit Einzelzimmern in ein neues Gebäude mit Großraumbüros um. Die Mitarbeiter beklagten sich vehement über die Klimaanlage. Daraufhin wurden umfangreiche Analysen über die optimale Temperatur und Luftfeuchtigkeit in Auftrag gegeben. Nach verschiedenen Testläufen wurde die Klimaanlage neu eingestellt.
Die Klagen verstummten jedoch nicht.
Hinter die wahren Ursachen – Verlust der Einzelzimmer (Status und Intimsphäre) und Anpassungswiderstände – kam man erst, nachdem viel Geld für das *Kurieren der Symptome* ausgegeben worden war.
Die Manager hatten sich anfangs nicht die Mühe gemacht, das wahre Problem zu suchen und zu finden.

Gesetz Nr. 13

Für das Bild in der Öffentlichkeit zählt allein, was die Unternehmung tut; nicht was sie sagt, daß sie tut.

»Es besteht die Tendenz, daß die Grundwerte Theorie bleiben und nicht Praxis werden. Alle Bürger müssen die Werte leben, ihr Handeln muß von ihnen geformt werden.«
(Heinrich Basilius Streithofen)

Ein gutes Bild in der Öffentlichkeit und ein guter Ruf sind wichtig, aber sie müssen stets von *konkreten Aktionen* begleitet werden.
Union Carbide hatte einen ausgezeichneten Ruf als kompetenter, technisch hochqualifizierter Erzeuger chemischer Produkte. Diese Reputation wurde zerstört, als eine Fabrik von Union Carbide in Indien explodierte, mehr als 2000 Menschen getötet und über 200000 schwer verletzt wurden. Was an *Reputation* übriggeblieben war, wurde *zerstört,* als sich ein ganz ähnlicher Unfall kurz danach in West Virginia ereignete.
Auch hier versuchte das Management zunächst, die tatsächlichen Vorkommnisse zu verschleiern. Der Alarm wurde erst 20 Minuten, nachdem die Explosion erfolgt war, gegeben.
Das ist unverzeihlich.
Inzwischen ist Union Carbide in großen Schwierigkeiten. Massenentlassungen, Prozesse und Umbesetzungen in der Unternehmensspitze prägen das (negative) Bild dieser Unternehmung in der Öffentlichkeit.
Und die Neue Heimat. Behauptet sie nicht, »gemeinnützig« zu sein?

Gesetz Nr. 14

Überleben ist alles.

»Setze dich an das Ufer des Wadi und sieh', wie die Leichen deiner Feinde vorbeischwimmen.«

(Arabisches Sprichwort)

Im Jahre 1816 kehrte ein französischer Marquis nach Frankreich zurück. Er war 25 Jahre davor nach Amerika ausgewandert. Man fragte ihn, was er während dieser turbulenten Zeit gemacht habe. Er antwortete schlicht und einfach: »J'ai survecu – Ich habe überlebt.«
Es gibt keine bessere Definition für Krisenmanagement und seine Zielsetzung.
Der alles überragende Trieb ist der *Selbsterhaltungstrieb.* Das gilt sowohl für das Individuum als auch für die menschliche Gesellschaft. Für die Unternehmung wird die Selbsterhaltung am ehesten gesichert durch Flexibilität; durch Anpassung an eine sich ständig wandelnde Umwelt.
Überleben ist auch für den Manager der oberen Hierarchie eine Frage des Seins oder Nichtseins. Ihm geht es wie dem Politiker, der freiwillig oder unfreiwillig seine Partei verläßt. Der Politiker ist nichts ohne seine Partei. Der Manager ist nichts ohne seine Unternehmung.
Verliert er diese, ist der Sturz ins Bodenlose unvermeidlich.

Kleine Führungsspanne

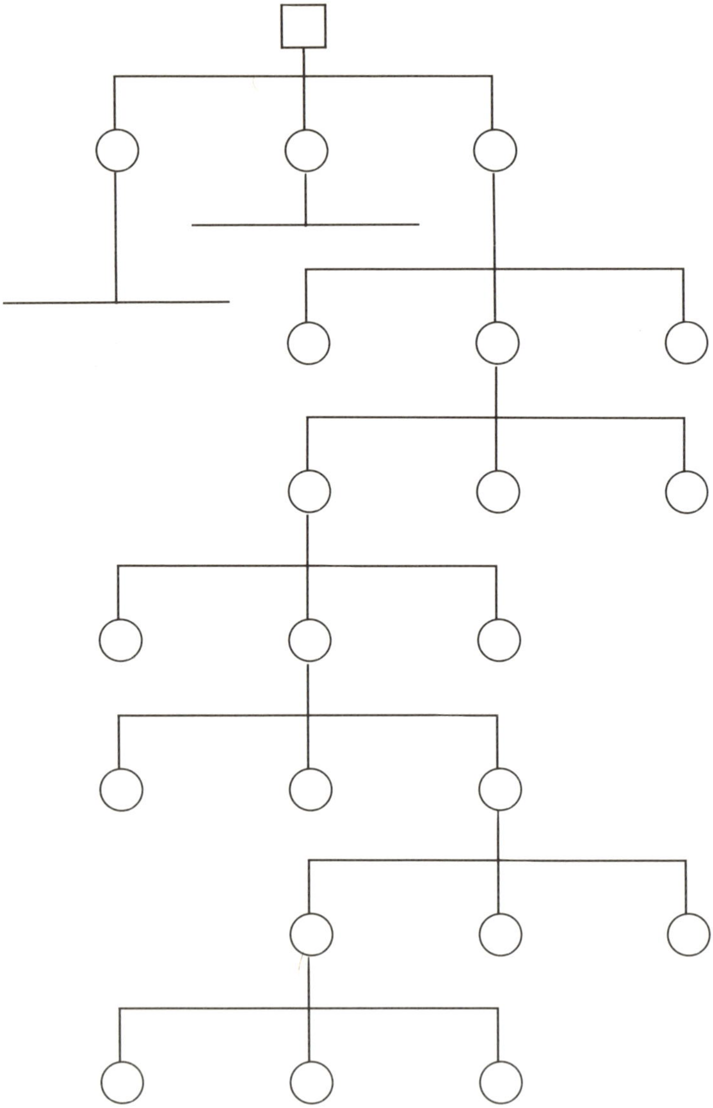

Organisieren

Organisation ist ein System ziel-
orientierter und koordinierter
Handlungen mehrerer
Personen.

Organisation

Gesetz Nr.

Gesetz Nr. 15

Die Effizienz der Führung steht in direktem Zusammenhang mit der Führungsspanne.

»Vor Jahrzehnten entdeckte Amerika die optimale Führungsspanne: Niemand kann, so heißt es, mehr als fünf bis sieben Mitarbeiter führen. Die Japaner halten das für Unsinn.«

(Thomas J. Peters und Robert H. Waterman jun.)

Die Führungsspanne macht eine Aussage darüber, *wie viele Mitarbeiter* einer Führungskraft direkt unterstehen.
Am 6. Juni 1944 hatte General Eisenhower nur vier unmittelbare Untergebene: die Führer der drei Streitkräfte zu Lande, zu Wasser, zu Luft und seinen Stabschef.
Am anderen Ende dieser Skala befindet sich die katholische Kirche, von der man sagt, daß sich bis zu 3000 Mitarbeiter direkt an den Papst wenden dürfen.
Beide Organisationsformen bewiesen und beweisen ihren hohen Leistungsgrad. Der Unterschied liegt in den jeweils völlig anders gearteten Bedingungen der Führung.
Die wichtigsten Kriterien für die Größe der Führungsspanne sind
- die Dauer des Entscheidungsprozesses,
- die Qualität des Chefs,
- die Qualität der Mitarbeiter und
- das Alter der Organisation.

Je länger die Dauer des Entscheidungsprozesses, je besser die Qualität des Chefs und seiner Mitarbeiter, je älter die Organisation – um so größer darf die Führungsspanne sein.
Ein Beispiel für den Zusammenhang von *Führungsspanne* und Dauer des Entscheidungsprozesses:
Für die Entscheidung über die »Pille« benötigte die katholische Kirche (man hatte eine Sonderkommission hierfür eingesetzt) volle vier Jahre. Ein Vorgang, der in unseren modernen Industrieunternehmungen unvorstellbar wäre. Daher die kleinere Führungsspanne.

Gesetz Nr. 16

Die Führungsspanne muß so groß wie möglich sein.

»Wenn das, was dem Volk von oben aufgelastet wurde, schließlich seinen Weg nach unten gefunden hat, so gibt es kaum einen, der den Grund all dessen wirklich begreift.«

(Dai Dschen, um 1750)

Je größer die Führungsspanne in einem Unternehmen, je mehr Mitarbeiter einem Chef direkt unterstellt sind, je breiter die hierarchischen Ebenen, um so weniger *hierarchische Stufen* in einer Organisation.
Hierarchische Stufen sind kontraproduktiv. Sie erschweren die Kommunikation. In dem Maße, in dem sie zunehmen, muß mehr Mühe und Geld darauf verwendet werden, diese verschiedenen Stufen zu managen. Mehr Leute müssen eingesetzt werden, es muß mehr koordiniert werden, und die Gemeinkosten werden in einer steilen Kurve nach oben steigen. Die Anzahl der »unproduktiv« Arbeitenden wird zu Lasten der produktiv Arbeitenden zunehmen.
Eine Organisation mit vielen hierarchischen Stufen ist nicht nur teuer, sondern auch *kompliziert.* Die Kontrolle wird immer schwieriger. Nicht nur das: Je komplizierter, um so störanfälliger.

K I S S! (heißt es bei Ciba-Geigy)
K e e p
I t
S i m p l e,
S t u p i d!

(Vgl. Gesetz Nr. 22.)

Gesetz Nr. 17

Die Führung bestimmt die Größe der Führungsspanne.

»Allzuviele hierarchische Ebenen sind vielleicht das größte Problem der schwerfälligen, verkrusteten Bürokratie.«
(Thomas J. Peters und Robert H. Waterman jun.)

Die Führungsspanne wird *vergrößert* durch die Unterrichtung der Mitarbeiter über die Unternehmensziele und die Geschäftspolitik; durch Normen und Richtlinien für Routinefälle; vor allem aber durch die *Delegation von Zuständigkeiten* und Entscheidungsbefugnissen.
Von Bedeutung für die Größe der Führungsspanne ist auch der Umfang der persönlichen Kontrollen durch den Vorgesetzten. Je mehr persönliche Kontrollen notwendig sind, um so geringer die Möglichkeit, die Führungsspanne zu erhöhen. Dies berührt das Problem des »Management by Umherwandern« (vgl. Gesetz Nr. 44).

Gesetz Nr. 18

Delegieren ist das Kernstück des Managens.

»Delegation is sharing the load.« (Ray A. Killian)

Delegieren heißt, die Last gemeinsam zu tragen.
Konkret heißt dies, die Zuständigkeiten, die Entscheidungsbefugnisse auf die möglichst *unterste hierarchische Stufe* legen.
Welche aber ist diese hierarchische Stufe?
Das ist jene Stufe, wo die Information anfällt und wo die Entscheidung kommuniziert wird. Diese Position im Unternehmen sollte sich möglichst weit unten befinden, denn je weiter nach unten delegiert wird, um so geringer die Kosten, um so stärker aber auch die Motivation des Mitarbeiters.
»Die Last gemeinsam tragen«, heißt aber auch, daß der Chef größte Zurückhaltung üben muß, wenn ein Mitarbeiter bei der Anwendung der übertragenen Entscheidungsbefugnis versagt und eine falsche Entscheidung trifft. Vielleicht war es der Chef, der versagt hatte, als er delegierte, indem er die falsche Person wählte oder die Zuständigkeit nicht richtig erklärte.
Und einen begrenzten Prozentsatz von Fehlern erlauben wir uns und auch unseren Mitarbeitern.

Gesetz Nr. 19

Delegieren erhöht die Leistungsfähigkeit des Managements.

»Darum gibt sich der Weise nicht mit kleinen Leuten ab und der kluge Herrscher nicht mit kleinen Angelegenheiten.«

(Han Fe Dse, ca. 250 v. Chr.)

Manager, die delegieren können, *gewinnen Zeit* für ihre eigentlichen Aufgaben und beschleunigen damit den betrieblichen Arbeitsablauf. Sie fördern Teamarbeit und schöpfen das Leistungspotential ihrer Mitarbeiter besser aus.
Der betriebliche Entscheidungsprozeß wird beschleunigt, u. a. auch dadurch, daß die richtigen Entscheidungsstufen eingehalten werden.
Alles dies wird fast automatisch zu einer allgemeinen Kostenreduzierung führen.
Parallel zum Delegieren müssen größere Unternehmungen *dezentralisieren.* Nur so können das sonst unvermeidliche Chaos in der Unternehmensspitze und die Frustration im Middlemanagement vermieden werden.
A. Sloan hat mit seiner Reorganisation von General Motors in den 20er Jahren die Voraussetzungen geschaffen für den Aufstieg seines Hauses zum größten Unternehmen der Welt. Alles wurde dezentralisiert, sogar der Einkauf. Die Buick-Division beispielweise darf (austauschbare) Einzelteile auf dem freien Markt kaufen, wenn die der Oldsmobile-Division teurer sind. Die Oldsmobile-Leute dürfen sich nicht beklagen – sie müssen sich rechtfertigen.
Das einzige, was weder General Motors noch irgendeine andere Unternehmung, groß oder klein, jemals dezentralisiert, sind die Finanzen. Die wahre Macht bleibt in der Unternehmensspitze verankert.

Gesetz Nr. 20

Delegiert werden Anweisungsbefugnis, Zuständigkeiten und Entscheidungsbefugnis.

»Ein kluger Herrscher gibt seinen Beamten nur solche Aufträge, die nicht das Maß ihrer Fähigkeiten übersteigen.«

(Go Hung ca. 300 v. Chr.)

Managen heißt, Resultate mit Hilfe von Mitarbeitern erzielen. Also beginnt jede Managementtätigkeit mit *Delegieren.* Ein Spezialist, der ohne Mitarbeiter arbeitet, höchstens mit einer Sekretärin, wie beispielsweise ein Rechtsanwalt oder Arzt, ist logischerweise kein Manager, denn er macht alle Arbeiten selbst.
Er delegiert nicht, er führt nicht.
Erfolgreiche Manager machen nicht die Arbeit ihrer Untergebenen. Sie weisen an, sie beraten, sie suggerieren, sie schlagen vor; aber die Aus- und Durchführung ihrer Anweisungen ist Sache der Mitarbeiter.
Schlechte Manager werden oft die Arbeit ihrer Mitarbeiter machen, weil sie nicht unterscheiden können zwischen Managen und (selber) Tun. Ein solcher Manager ist inkompetent.
Ein Manager muß sich bei alledem darüber im klaren sein, daß er *keine Verantwortung delegiert.* Was immer er delegiert, seine eigene Verantwortung bleibt völlig unberührt.
Wird einem Mitarbeiter eine Aufgabe delegiert, so müssen ihm aber auch unbedingt ausreichende Vollmachten übertragen werden.
Eine Führungskraft kann in der Regel die übertragenen Aufgaben nicht korrekt durchführen und auch nicht zur Rechenschaft gezogen werden, wenn sie nicht adäquate Vollmachten über die Personalführung erhält, bis hin zu dem Recht der Einstellung und Entlassung.

Gesetz Nr. 21

Verantwortung kann man nicht delegieren.

»Glauben Sie nicht denjenigen, die behaupten, daß Arbeit eine Sache sei, die grundsätzlich delegiert werden kann.«

(Carl Zimmerer)

Die Betonung des Zitats liegt auf *Arbeit* und auf *grundsätzlich.* Und darauf, daß, gleich, was und wieviel man delegiert, man niemals einen Deut seiner eigenen Verantwortung weiterreichen kann. Die bleibt unvermindert beim Chef.

Was der Chef delegiert, ist nicht seine Arbeit, sondern sind gewisse Zuständigkeiten.

Diejenigen, denen der Manager diese Zuständigkeiten übertragen hat, sind ihm gegenüber für die korrekte, einsichtsvolle Durchführung der übertragenen Aufgaben verantwortlich. Die *Verantwortung* des Managers gegenüber seinen Oberen aber (und wer von uns hat keinen Oberen?) bleibt voll und ganz auf seinen Schultern liegen. *Diese kann er niemals delegieren.*

Gesetz Nr. 22

Gutes Management ist nicht kompliziert.

»Keep it simple.« (Theodore Levitt)

Eine gute Führung sucht einfache Wege, einfache Lösungen und vermeidet alles Komplizierte.
Je *größer* eine Organisation wird, um so *komplizierter* wird sie. Neue Abteilungen, neue Bereiche, neue hierarchische Stufen verlangen nach mehr Anweisungsbefugnissen, Vorschriften, Vorschlägen, Fragen, Instruktionen, Informationen, Standards. Kommunikationen aller Art fließen eine immer längere Leiter hinauf und hinunter. Die Kontrollen leiden, die Effizienz des Managements leidet. Entsprechend leidet die Moral. Die Mitarbeiter fühlen sich mehr und mehr als Nummern in einem großen Getriebe und immer weniger als Individuen.
Wenn Mittelmanagement und unteres Management von der Unternehmensspitze zu weit entfernt sind, dann wächst die Gefahr, daß sie Pläne, Zielsetzungen, Geschäftspolitik vergessen, mißverstehen, nicht beachten oder gar diese Informationen nicht erhalten. Eigeninitiative und Motivation werden verkümmern.
Kommunikation, Information, Anweisungen, Entscheidungsprozesse – alles ist so einfach wie möglich zu halten.
Die Organisation soll transparent sein.
»Anything that *can* go wrong *will* go wrong«, sagen die Amerikaner (Murphys Gesetz).
Alles, was schiefgehen könnte, wird auch schiefgehen. In aller Regel, weil es zu *kompliziert* ist. Und die Kompliziertheit wächst mit der Größe.

Gesetz Nr. 23

Bürokratie ist die Bremse des Fortschritts.

»Tout ce qui n'est pas défendu est obligatoire.«
(Französisches Sprichwort)

Alles, was nicht *verboten ist, ist obligatorisch,* sagen die Franzosen von den Arbeits- und Lebensbedingungen in Deutschland. Tun wir unser Möglichstes, damit diese Redensart nur für die DDR Gültigkeit behält!
Wir alle ersticken in einem Übermaß von Formularen und Vorschriften, Regeln und Richtlinien. Reduzieren wir sie wenigstens in unseren eigenen Betrieben auf ein Minimum. Die Mitarbeiter werden es uns danken.
»Deregulate« – entregulieren, entbürokratisieren, ist ein großer und unbestreitbarer Erfolg der Reagan-Regierung. In Bonn sind alle derartigen Versuche bisher immer wieder kläglich gescheitert.

Gesetz Nr. 24

Keine Konferitis.

»Sitzungen und Konferenzen sind Zeitfresser.«
(Alfred Mohler)

John de Lorean führt bewegt Klage über die häufigen, endlosen, meist *fruchtlosen Ausschuß-Sitzungen* bei General Motors. Sie waren der Hauptgrund für seine *Frustration* während seiner dortigen Tätigkeit.
Die meisten Managementexperten sind sich darüber einig, daß von allen Praktiken des Managements keine umstrittener sind als das Komitee und der Ausschuß.
Henry Kressel, Vice-President, RCA, meint: »Effective meetings are, unfortunately, too rare – Effektive Sitzungen sind, unglücklicherweise, zu selten.«
J. K. Galbraith, der so weit geht, die Struktur einer Unternehmung als eine *Hierarchie von Ausschüssen* zu bezeichnen, ist auch respektlos genug, den Hauptgrund ihrer Beliebtheit bei manchen Managern anzuprangern: Sie entheben den Chef der Notwendigkeit, eine Entscheidung allein treffen zu müssen.
So wie bei einem Kranken ein Ansteigen der Fieberkurve ein Alarmsignal ist, so ist eine plötzliche Anhäufung von Sitzungen und Konferenzen in einer Unternehmung das sichere Zeichen einer schleichenden Paralyse; Unentschlossenheit und Entscheidungsschwäche verbergen sich dahinter.
Der wirklich positive Beitrag von Komitees zur Unternehmensführung: Der Chef legt die Teilnehmer auf die Unternehmensziele fest und verpflichtet sie zur Loyalität.
Aber diese Art von Konferenz darf nicht überhandnehmen.

Gesetz Nr. 25

Ausschüsse und Komitees treffen selten richtige Entscheidungen.

»Wenn ein General keine Lust hat, etwas zu unternehmen, dann beruft er einen Kriegsrat ein, und es ist eine Erfahrung, daß die Stimmenmehrheit sich für das Negative entscheidet.« (Prinz Eugen)

Manager treffen Entscheidungen.
Manager akzeptieren Verantwortung.
Ausschüsse dagegen sind brauchbar für Diskussionen, um den Chef zu beraten, um zu forschen, um Ideen und Vorschläge zu erarbeiten, neue Projekte zu studieren, um Informationen auszutauschen und um das Engagement, die Einsatzbereitschaft von Mitarbeitern zu gewinnen. Sie sollten aber *niemals* zur *Entscheidungsfindung* benutzt werden. Dies ist das Prärogativ des Managers. Entscheidungsfindung, Zuständigkeit, Anweisungsbefugnis kann der Manager einem Mitarbeiter delegieren – niemals einem Komitee.
Ausnahmen von dieser Regel werden dem Manager oktroyiert durch Gesetz, Statuten, Dienstvertrag, Konventionen.
Er sollte sein Bestes tun, damit diese Beschränkungen die Ausnahme bleiben.
Stonewall Jackson, der größte, niemals besiegte General des amerikanischen Bürgerkriegs, war von eiserner Schweigsamkeit. Er diskutierte seine Pläne mit niemandem. Von ihm stammt der Ausspruch:
»If my coat knew what I intended to do, I'd take it off and throw it away.«
Wir führen heute weniger autoritär. Aber auch heute noch ist es der Chef, der die letzten Entscheidungen trifft und die *alleinige Verantwortung* dafür trägt.
Reinhard Mohn: »Die Mitbestimmung war ein Irrtum.«

Gesetz Nr. 26

Gruppenentscheidung heißt Entscheidungsfindung auf numerischer Basis.

»Neuerdings besteht die Tendenz, eine straffe Führung für unnötig zu erklären, da wir uns in einem Zeitalter der Gruppenentscheidungen befinden. Aber das Ergebnis solcher Reden ist ein Gefühl der Unsicherheit. Der Matrose auf einem Schiff schläft nachts in der Überzeugung, daß der Wachoffizier auf der Brücke weiß, was er zu tun hat. Die Matrosen wollen keine Gruppenentscheidung über den Kurs, der zu steuern ist. Sie wollen einen Befehl, und Angestellte einer Unternehmung wollen das gleiche.«

(Cyril Northcote Parkinson)

Der Mitarbeiter ist dem Chef gegenüber für seine Handlungen verantwortlich, das Komitee als Entscheidungsträger nicht.

Die *Schwäche von Gruppenentscheidungen* liegt also in der Verwässerung der Verantwortung. In der Regel hat sich nur ein Mitglied der Gruppe mit einem anstehenden Problem gründlich befaßt. Der Betreffende hat vor allen anderen Mitgliedern der Gruppe einen Informations- und Wissensvorsprung, und so können diese ihm in der Regel nicht widersprechen. Die Entscheidung ist also praktisch eine individuelle, die Verantwortung dagegen ist kollektiv. Das ist ein unhaltbarer Zustand. Es ist eine bürokratische, keine unternehmerische Lösung. Auch ist es nicht notwendigerweise eine *qualitative* Entscheidungsfindung.

Die letzte und höchste Entscheidung sollte immer beim Manager liegen, niemals bei einer Gruppe.

Mitarbeiter wollen klare, eindeutige, verständliche Anweisungen. Diese können nur von *einem* Chef kommen.

Hiervon zu unterscheiden sind Situationen, in denen es nicht auf eine »Befehlausgabe« ankommt, sondern zunächst auf das Sichten von Fakten, die *Sammlung von Informationen* für den Prozeß der Entscheidungsfindung. Wer dann aber lieber anordnet als koordiniert, wird als Manager scheitern.

Gesetz Nr. 27

Der situative Führungsstil berücksichtigt nicht nur Situationen, sondern auch Personen.

»Bei manchen Mitarbeitern genügt der Einsatz einer Nagelfeile, bei anderen benötigt der Chef einen Vorschlaghammer.« (Götz Hohenstein)

Der Manager ist *flexibel* und paßt sich den *jeweiligen Gegebenheiten* an.
Der situative Führungsstil berücksichtigt die Zeit und die Ressourcen, die zur Verfügung stehen, ebenso wie die Kompetenz und die Kooperationsbereitschaft der Mitarbeiter.
Wenn die Steigerung der Produktivität das alles beherrschende Problem ist, so wird sich der Manager hierauf konzentrieren.
Anders dagegen, wenn die *Menschen* der *Schlüssel zum Erfolg* sind; z.B. in Dienstleistungsunternehmungen. Dann ist die Hauptaufgabe des Managers die Motivierung der Mitarbeiter zu höherer Leistung. Und auch hier nimmt er größte Rücksicht auf die Persönlichkeit der Menschen, mit denen er es zu tun hat.
Dazu gehört, daß er über Empathie verfügt; die Fähigkeit, sich in andere Menschen hineinzuversetzen.
Aber nicht alle Manager können ihren Führungsstil von Situation zu Situation ändern. Solche Versuche wirken oft schwerfällig und wenig überzeugend.
Der situative Führungsstil muß gelernt werden.
Robert Kennedy: »Noch eine letzte Lehre ergab sich aus der kubanischen Raketenkrise: wie wichtig es ist, daß wir uns in die Lage anderer Länder versetzen. Während der Krise verwendete Präsident Kennedy mehr Zeit darauf, sich über die Wirkung einer Maßnahme auf Chruschtschow oder die Russen klarzuwerden, als auf irgendeinen anderen Aspekt seiner Entschlüsse.«

Gesetz Nr. 28

Die Mitarbeiter werden auf organisatorische Veränderungen sorgfältig vorbereitet.

»Die Menschen fürchten das Unbekannte, und jede Veränderung bringt etwas Unbekanntes.« (Richard Fabris)

Jede Organisation, sofern sie nicht vor dem Zusammenbruch steht, unterliegt dem Wandel. Jeder Manager weiß das.
Ein Wechsel jedoch führt immer in etwas Unbekanntes. Und das Unbekannte produziert Furcht. Die Menschen fürchten das Unbekannte.
Jeder Manager weiß auch das, neigt aber gerne dazu, diese Erkenntnis zu vernachlässigen.
So ist die typische Reaktion der meisten Mitarbeiter gegenüber einem Wechsel, daß sie ihm widerstehen. Die Amerikaner nennen dies den RC-Faktor = Resistance to Change, den *Widerstand gegen Veränderungen.*
Der erfolgreiche Manager überwindet diesen Widerstand, aber wie?
Indem er den Wechsel vorsichtig und möglichst unauffällig einführt. Ist dies nicht möglich, wird der Manager die Gründe für die Änderungen den Mitarbeitern sorgfältig und ausführlich erklären.
Gleichzeitig wird er darauf hinweisen, wie vorteilhaft dieser Wechsel für die Organisation sein wird, aber auch, wie er den einzelnen Mitarbeiter begünstigen wird.

Gesetz Nr. 29

Jede formelle Organisation enthält informelle Organisationen.

»Neben der sichtbaren gab es bei Jackson eine unsichtbare Regierung.« (Erich Schwinge)

Das »Küchenkabinett« von Präsident Andrew Jackson wurde bei späteren Präsidenten zur Regel: eine inoffizielle, informelle Organisation.
Jeder Regierungschef hält sich heute seinen, verfassungsmäßig nicht vorgesehenen, Beraterstab. Die meisten Unternehmensführer tun das gleiche.
Die formelle Organisation funktioniert um so besser, je sorgfältiger das Management die informellen Organisationen berücksichtigt. Letztere entstehen überall, wo Menschen miteinander Kontakt haben: Zum Vergnügen, zwecks Austausch von Informationen, um bestimmte Aktionen vorzubereiten, vielleicht sogar, um bevorstehende *Entscheidungen zu beeinflussen.* Es ist die Clique, die sich zum Essen oder am Getränkeautomaten trifft, der Freitagabend-Kegelclub, die Gruppe, die gemeinsam zum Fußballspiel geht.
Informelle Gruppen können durch Intrigen die Stellung eines Vorgesetzten gefährden; dieser muß sie daher sorgfältig beobachten. Er darf sie weder ignorieren noch bekämpfen.
Andererseits aber sind informelle Gruppen auch wichtige Kommunikationskanäle, die der Manager zum Senden und Empfangen von Informationen benutzen kann (vgl. Gesetz Nr. 89).

Gesetz Nr. 30

Mitarbeiter auf Zeit bieten viele Vorteile.

»Es gibt in keinem Unternehmen ein Gleichmaß der Auslastung.« (Werner Then)

Eine gewisse *Fluktuation* der Mitarbeiter kann sehr positiv sein. Sie bringt eine bewußte Zuführung »frischen Blutes«. Neue Mitarbeiter bieten den Vorteil, daß der Manager ihre neuen Ideen, ihre *Einsatzbereitschaft* und ihre positive Einstellung auswerten kann. Nach einer gewissen Zeit erschlaffen diese positiven Faktoren.
Diese Vorteile gelten auch für Mitarbeiter auf Zeit.
Die Möglichkeit, Mitarbeiter auf Zeit einzustellen, ist auch aus anderen Gründen wertvoll: In jedem Unternehmen lösen sich zwangsläufig zeitweiliger Leerlauf und Überstunden ab.
Last not least: Der kündigungsrechtliche Bestandsschutz des Arbeitsverhältnisses ist durch Gesetzgebung, Tarife und Rechtsprechung so stark ausgebaut, daß Instrumente flexibler Personalpolitik nötig sind, um den schwankenden Personalbedarf aufzufangen.
Darüber hinaus *zwingt* die heutige Konjunkturphase die Unternehmensführung zu einer flexiblen Personalpolitik (vgl. Gesetz Nr. 81).

Gesetz Nr. 31

Unerwünschte Mitarbeiter gefährden das Überleben des Unternehmens.

»You are fired!«

(Henry Ford II. zu Lee Iacocca)

Mit diesen dürren Worten entließ Henry Ford seinen Präsidenten.
Die *Entlassung* ist vielleicht die *schwierigste Aufgabe* für einen Manager.
In der Tat, das Überleben des Unternehmens und vielleicht auch des Managers selbst können hiervon abhängen.
Das berührt das Problem des »Sozialen Besitzstandes«. Unsere Vorgesetztenfreiheit in Fragen der Personalwirtschaft wurde in den letzten Jahrzehnten mehr und mehr eingeschnürt.
Ganz anders in den USA. Als im September 1985 AT & T die Entlassung von *weiteren* 24 000 Mitarbeitern ankündigte, war die Reaktion von Wall Street sehr positiv: »Analysts generally praised company's decision« – Die Finanzanalysten lobten diese Entscheidung – und »A company that fires that many people is bound to make a profit« – Ein Unternehmen, das so viele Leute entläßt, *muß* einen Gewinn machen – (Wall Street Journal).
AT & T ist kein Einzelfall.
Überall in den USA werden im Zuge der Dritten Industriellen Revolution Tausende von Jobs eliminiert. Am gefährdetsten ist das Mittlere Management.
Der deutsche Unternehmer verfügt nicht über den gleichen Spielraum wie sein amerikanischer Kollege. Bei jedem Konflikt muß er der Tatsache ins Auge sehen, daß der oder die Betroffenen sich weigern werden, freiwillig zu gehen. Dann muß er seine Kompetenz als Manager unter Beweis stellen.

Gesetz Nr. 32

»Das wurde immer so gemacht«, ist für keinen Chef akzeptabel.

»Rien n'est plus permanent que le provisoire.«
(Französisches Sprichwort)

Nichts ist dauerhafter als ein Provisorium, sagen die Franzosen.
Jede Führungskraft stößt immer wieder auf *sinnlose*, kontraproduktive *Arbeiten* oder Situationen. Jedesmal, in allen Organisationen und in allen Ländern der Welt, wird man auf die Frage, warum etwas so und so gemacht wird, die Antwort erhalten: »Das wurde immer so gemacht.«
Oft sind solche Situationen aus sogenannten *Notlösungen* entstanden. Die Notlösungen wurden dann festgeschrieben und betoniert, bis keiner mehr sie zu ändern wagte, weil sie seit Jahren oder Jahrzehnten in dieser Form bestanden.
War Bonn nicht jahrzehntelang ein »provisorischer« Regierungssitz?
Also: Keine Notlösungen!
Auch nicht das, was die Angelsachsen »expedience« nennen, d. h. Lösungen, die für den Moment sehr praktikabel erscheinen, die aber gesunden Prinzipien zuwiderlaufen und daher auf lange Sicht negative Folgen haben werden.
In fast jeder Unternehmung gibt es Berichte, die aus einer einmaligen, vorübergehenden Situation entstanden sind; aber die Information, nach welcher der Chef einmal – und nur einmal – gefragt hatte, wird weiterhin in Berichtsform angefertigt.
Und dann – es wurde immer so gemacht!
Es ist nicht die dümmste Begründung – es ist überhaupt keine.

Gesetz Nr. 33

Die Stellenbeschreibung ist tot.

»Nicht Zielvorgabe, sondern Zielvereinbarung.«

(Eckart Flöther)

Unternehmen, die sich rasch auf neue Bedingungen des Marktes einstellen müssen und die *flexibel* und *positiv* auf Veränderungen reagieren wollen, brauchen für ihre Mitarbeiter ein neues Führungsinstrument: Die »qualitative Zielvereinbarung« anstelle der Stellenbeschreibung.
Stellenbeschreibungen haben versagt. Sie sind schwerfällig, vergangenheitsorientiert, teuer und auf das Festhalten von Kompetenzen und Erbhöfen angelegt. Sie unterstützen die *negative Anpassung* in einem Unternehmen, die Neigung, die Dinge so zu akzeptieren, wie sie sind. Im Grunde verteidigen Stellenbeschreibungen den Status quo einer Firma. Sie sind statisch. Sie *ignorieren* die *informellen Gruppen* in einer Organisation. Sie fördern das Kästchendenken. Alle paar Monate sind sie veraltet. Spätestens bei ihrer Fortschreibung, dem »Änderungsdienst«, der immer häufiger notwendig wird, wird ihre Schwerfälligkeit deutlich, kommt Lustlosigkeit auf.
Stellenbeschreibungen symbolisieren Stagnation.
Bei Arbeitsgerichtsprozessen erweisen sie sich regelmäßig als ein Eigentor für das Unternehmen.
Dynamische Unternehmen ersetzten die Stellenbeschreibung durch die qualitative Zielvereinbarung. Letztere konzentriert sich auf die Schlüsselprobleme im Unternehmen und versucht, die Mitarbeiter dafür zu interessieren.
Der Zusammenhang zwischen Zielsetzung, Zielakzeptanz, Zielschwierigkeit und Zielauswertung (feed back) wird besser durchschaubar.

Gesetz Nr. 34

Die Mitarbeiter erhalten ihre Vergütung für ihre Leistung, nicht für ihre Stellung.

»Die Gehaltsentwicklung hängt zunehmend nicht mehr von der individuellen Leistung des Mitarbeiters ab, sondern wird einem Mechanismus (Indexbindung der AT-Gehälter) anvertraut, der mit der Arbeit und dem Einsatz des einzelnen – wenn überhaupt – nur in einem sehr losen Zusammenhang steht.« (Heinz Evers)

Jede Bindung von Gehältern an irgendwelche formalen Richtlinien ist *leistungsfeindlich.* Insbesondere Unternehmen, die wegen ihrer Größe gezwungen sind, mit einem *»Gehaltsspiegel«* zu arbeiten, arbeiten unter einem Handicap. Sie vergüten nicht aufgrund der Leistung, sondern aufgrund der besetzten Position. Sie honorieren den falschen Körperteil.
Die Amerikaner kennen den Begriff »Gehaltsspiegel« nicht. Hätten sie ihn, so würde Reagan zweifellos versucht haben, hier im großen Maßstab zu *»deregulate«*, zu entregulieren. In der Tat hat er dies u. a. bei den Gehältern (und Preisen) der Inland-Fluggesellschaften und der Speditionsfirmen schon getan; mit großem Erfolg.
Einer der Autoren versuchte einmal, seinem Aufsichtsratsvorsitzer zu erklären, warum ein ihm unterstellter, erfolgreicher Niederlassungsleiter eine höhere Gewinnbeteiligung als er selbst Tantieme erhalten hatte. Die Unterhaltung verlief für beide Seiten unbefriedigend. Der alte Herr konnte und wollte nicht einsehen, daß Leistungsentlohnung nicht unbedingt an hierarchische Stufen gebunden ist; daß ein Mitarbeiter unter Umständen mehr verdienen kann als sein Chef.
Noch einmal:
Die Gehaltsstrukturen sind im Rahmen des Möglichen zu entbürokratisieren. Nicht die Position wird bezahlt. Für *alle* Mitarbeiter gilt das Stichwort *»Leistungsentlohnung«.* (Vgl. S. 177).

Gesetz Nr. 35

Gehälter sind nicht vertraulich.

»Eine Geschäftsleitung, welche die Gehälter geheimzuhalten versucht, demonstriert ihr schlechtes Gewissen.«

(Götz Hohenstein)

Der Mythos der *geheimen* Gehaltslisten ist ebenso lächerlich wie unausrottbar.
Dabei ist es nützlicher, Gehälter gegenüber allen Mitarbeitern *offenzulegen,* anstatt zu *versuchen*(!), sie geheimzuhalten.
Erstens: Es ist eine Illusion zu glauben, daß Gehälter in einer Unternehmung geheimgehalten werden können.
Zweitens: Die Offenlegung der Gehälter zeigt jedermann, wer die besten Mitarbeiter sind.
Drittens: Mitarbeiter glauben oft, daß die oberen Hierarchien sehr viel höhere Gehälter beziehen als dies tatsächlich der Fall ist.
Die Offenlegung der Gehälter wird mit diesem Mißtrauen und diesen Mißverständnissen aufräumen.
Mitarbeiter eines Autors wiesen ihn auf Unstimmigkeiten in der Gehaltsstruktur hin. Zwei Mitarbeiter bezogen ein für ihre Leistung zu hohes Gehalt. Die daraufhin erfolgte »Korrektur« verbesserte das Betriebsklima.
Ein Chef übersieht vielleicht Fehler in der Gehaltsstruktur, weil die Arbeiten, welche die Untüchtigen und die Unfleißigen nicht erledigen, fast automatisch von den Kollegen übernommen werden. Nur wenn die Gehälter nicht vertraulich sind, können sie im Unternehmen offiziell diskutiert und ihre Vertretbarkeit bewertet werden. Mitarbeiter können auf Schwachstellen aufmerksam machen, auf echte oder vermeintliche Ungerechtigkeiten, und dazu beitragen, daß in der Firma besser gearbeitet wird.

Führen

Führen heißt Vorleben.

Führen

Gesetz-Nr.

PREIS.

Gesetz Nr. 36

Anweisungsbefugnis beinhaltet nicht automatisch Autorität.

»A l'attaque! Direction générale:
Le trou dans mon cul!« (Joachim Murat)

Ein Marschall von Frankreich, der seine Reiterregimenter mit dem Ruf, »Ziel: Das Loch in meinem A...!« zum Angriff *führt,* braucht sich über seine Anweisungsbefugnis und seine Autorität keine Gedanken zu machen. Er hat beides im Überfluß. Seine Reiter werden ihm blindlings folgen.

Jede Führungskraft besitzt *Anweisungsbefugnis.* In der Regel handelt es sich um *hierarchische* Anweisungsbefugnis. Es ist das Recht, von anderen eine Handlung (oder Unterlassung) zu verlangen. *Kraft Amtes.* Gestützt auf Dienstvertrag, Gesetz, Statuten, Stellenbeschreibung, Gewohnheit. Sie wirkt von oben nach unten.

Autorität ist die Anerkennung der *fachlichen Kompetenz* und der *persönlichen Integrität* eines Chefs durch seine Mitarbeiter. Eine Anerkennung, die ein Vorgesetzter täglich verlieren kann. Besser, die er täglich neu verdienen muß. Sie wirkt von unten nach oben.

Die Angelsachsen kennen für beide Begriffe, Anweisungsbefugnis und Autorität, nur *ein* Wort: *Authority.* In Textbüchern wird dieses Wort ins Deutsche regelmäßig mit »Autorität« übersetzt, obwohl in den meisten Fällen »Anweisungsbefugnis« gemeint ist.

Ein Manager kann sich zur Durchsetzung seiner Zielsetzungen natürlich in der Regel allein auf seine Anweisungsbefugnis verlassen. Aber – um wie vieles erleichtert er sich seine Arbeit, wenn er daneben auch über ein gehöriges Maß von persönlicher und fachlicher Autorität verfügt.

Gesetz Nr. 37

Führen kann man lernen.

»Unlike poets, good officers are made, not born so.«
(Henry Kyd Douglas)

Dichter werden geboren, gute Offiziere werden gemacht. Führen ist eine Kunst, die wir alle erlernen können.
H. K. Douglas trat 1861 in die Armee der Südstaaten als Freiwilliger ein. Er war noch nicht 21 Jahre alt. Vier Jahre später war er der jüngste General des amerikanischen Bürgerkriegs und führte eine Brigade. Sie war die letzte, die bei Appomatox die Waffen niederlegte. Douglas hatte vier Jahre lang die Kunst des Führens gelernt, indem er führte. Heute nennen wir das »On-the-job-training«.
Wir können hier und jetzt Führer werden, indem wir anbieten zu führen.
Aber – was zeichnet den Führer aus?
Wir glauben, daß Führung gewisse Qualitäten beinhaltet, die sowohl erworben als auch durch Studium und Praxis verbessert werden können.
Es sind:

1. Kreativität
2. Fachwissen
3. Allgemeinbildung
4. Tüchtigkeit
5. Anziehungskraft (vgl. Gesetz Nr. 83)
6. Durchsetzungsvermögen
7. Rücksichtslosigkeit (vgl. Gesetz Nr. 80)
8. Entschiedenheit (vgl. Gesetze Nr. 40 und 42)
9. Belastbarkeit
10. Entscheidungsbereitschaft

Gesetz Nr. 38

Management ist ein Beruf.

»Der, der managen kann, kann überall und alles managen.« (American Management Association)

Die Definition der AMA ist das Kennzeichen eines Berufs. Management hat sich seit 1911, als Frederic Taylor sein Buch über das »Wissenschaftliche Management« veröffentlichte, zu einem Beruf entwickelt. Ein Beruf aber ist *lehr- und lernbar.*

Welches sind nun die Voraussetzungen, die aus einer Summe von Tätigkeiten einen Beruf machen?

1. Ein abgerundetes fachliches Wissen.
2. Eine bewußt und geordnet angewandte wissenschaftliche Methodik.
3. Zweckmäßig, systematisch und gezielt eingesetzte Fähigkeiten.
4. Richtig benutzte Hilfsmittel, Instrumente oder Werkzeuge.
5. Ein Kodex ethischer Grundsätze.

Die Punkte 1. bis 4. sind unstrittig und problemlos. Nur Heuchler behaupten dies auch für Punkt 5... (vgl. Gesetz Nr. 55).

Gesetz Nr. 39

Manager sind nicht immer Führer.

»So I went to Arabia to see and consider its great men. I found Abdulla too clever, Ali too clean, Zeid too cool. Then I rode up-country to Feisal, and found in him the leader with the necessary fire and yet with reason to give a fact to our science.« (Thomas E. Lawrence)

Mit wenigen Strichen zeichnet Lawrence das Bild des idealen Führers. Der Mann, der einen klaren, kühlen Kopf hat, aber in dem gleichzeitig das Feuer brennt, ohne das wirklich große Führer nicht vorstellbar sind.
Augustin sagte fast wörtlich das gleiche: »Was Du in den anderen entzünden willst, muß in Dir selber brennen.«
Dieses innere Feuer unterscheidet den Führer vom (Nur-) Manager.

Gesetz Nr. 40

Ein zielstrebiger Manager hat den unbeugsamen Willen zum Führen.

»Was viele, sonst hervorragende Spitzenmanager am hundertprozentigen Erfolg hindert, ist mangelnder Wille zur Führung.« (Marvin Bower)

Diejenigen, die führen können, sind meist auch die, die unbedingt führen wollen. Machiavelli sagte, sie besäßen *virtù*, den Willen zur Macht.
Sie treiben sich selbst ebenso an wie andere.
Wille zur Macht, in seiner mildesten Form, ist Wunsch nach Einflußnahme. Einem Manager, dem dieser Wunsch fehlt, werden auch Erfolgserlebnisse fehlen.
Wir geben gerne zu, daß diese Einstellung – »philosophy«, sagen die Amerikaner – mit den herrschenden Morallehren nicht immer übereinstimmt. »The will-to-live becomes the will-to-power«, schrieb der große Theologe Reinhold Niebuhr und sah hierin die Wurzel der internationalen Anarchie, die unser Überleben bedroht. Aber für den Manager sind diese Überlegungen ein Mythos, der ihn in seiner täglichen Arbeit behindert, ihm keine Hilfen anbietet.
Alfred Herrhausen: »Führen muß man auch wollen.«

Gesetz Nr. 41

Ein Manager benötigt kein Charisma.

»Ein Führer ist ein Mann mit einer Mission.«

(Semon Knudsen)

Im Gegensatz zum Führer verfolgt der Manager keine Mission.
Die *persönliche Ausstrahlungskraft* eines Managers kann eine charismatisch begründete *Autorität* verleihen. Das hat dazu geführt, daß Charisma (eine ursprünglich als gottbegnadet empfundene Führungsgabe) immer wieder als die unentbehrliche Eigenschaft eines Chefs bezeichnet wurde.
Das muß nicht sein.
Es gab und gibt viele Manager, die von ihren Mitarbeitern oder Untergebenen geschätzt und respektiert werden, ohne das geringste Charisma zu besitzen. Sie haben persönliche und fachliche Autorität, die Fähigkeit, sich und ihren Mitarbeitern ein Ziel zu setzen und sie davon zu überzeugen, daß alle gemeinsam dieses Ziel erreichen können.
Das alles erfordert aber noch kein Charisma.
Stonewall Jackson, der große General der Südstaatler, besaß eine alles überragende Autorität. Sie beruhte auf seiner persönlichen Integrität, seiner militärischen Kompetenz und seinem unbeugsamen Siegeswillen.
Aber ihm fehlte jegliches *Charisma.* Seine äußere Erscheinung war enttäuschend. Er war verschlossen, humorlos, ohne Freunde, ein Frömmler, der seine Männer mit einer fast brutal zu nennenden Disziplin führte.
Aber seine Soldaten folgten ihm bedingungslos und verehrten ihn bis weit über seinen Tod hinaus. Er hatte ihnen die Gewißheit vermittelt, unbesiegbar zu sein.

Gesetz Nr. 42

Manager verfügen über Entschiedenheit.

»In allen Beratungen ist es am besten, wenn man sofort zu dem fraglichen Punkt kommt. Dinge müssen zu einem Ergebnis gebracht werden, ohne unnötiges Zögern und ohne unnötige Spannung.« (Niccolò Machiavelli)

Machiavelli verlangt von dem Fürsten, der in seiner Wunschvorstellung Italien einigen soll, virtù. Dieses Wort hat bei den Humanisten einen Bedeutungswandel durchgemacht.
Es stand nicht mehr für Tugend, sondern für *Klugheit, Energie, Entschiedenheit.*
Es sind die gleichen Eigenschaften, die ein Manager besitzen muß.
Machiavelli betont außerdem, daß schwache und kurzsichtige Fürsten langsam und umständlich sind, auch unentschlossen und ungewiß in ihren Beratungen und Entschlüssen.
Sie versuchen, die Dinge »auszusitzen«. Das ist noch nie gutgegangen.
Helmut Kohl: »Dinge aussitzen tut nur ein Trottel, niemand ist entscheidungsfreudiger als ich.«
Die Fehlerquote bei Nichtstun: bis zu 100 %.
Die Fehlerquote bei Tun: höchstens 50 %.

Gesetz Nr. 43

Autoritär Führen und Delegieren ist kein Widerspruch.

»Der kooperative oder partizipative Führungsstil beginnt mit einer autoritären Entscheidung des Chefs darüber, was die Mitarbeiter in eigener Zuständigkeit tun dürfen.«

(Götz Hohenstein)

Nichts ist *fragiler* als der vielgerühmte *kooperative Führungsstil.* So wie geschaffen, kann er auch mit einem Federstrich *beseitigt* werden.
Management-Trainer, Lehrbücher und Management-Modelle stellen in seltener Einmütigkeit den kooperativen Führungsstil als das Gegenteil des autoritären Führungsstils hin. Diese Gegenüberstellung geht davon aus, daß der kooperativ führende Chef Entscheidungsbefugnisse delegiert und der autoritär führende die Entscheidungsbefugnisse monopolisiert.
Diese *Theorie* stimmt mit den *Realitäten nicht überein.*
Der Begriff »autoritär« beinhaltet, daß ein Führer mit überlegener Macht ausgestattet ist. Er kann Entscheidungen aus eigener Machtvollkommenheit treffen und wird möglicherweise nicht durch andere Instanzen kontrolliert. Das erlaubt ihm, mit Entschiedenheit, mit virtù, zu führen. Er achtet auf Disziplin. Er ist *rücksichtslos* mit den Unfleißigen, den Unloyalen, den Unsorgfältigen (vgl. Gesetz Nr. 80). Er demonstriert auch in unangenehmen Situationen sein *Durchsetzungsvermögen.* Das schließt aber keineswegs aus, daß er Zuständigkeiten und Entscheidungsbefugnisse in weitestem Maße delegiert.
Die erfolgreichsten Chefs sind diejenigen, die das Menschenmögliche von ihren Mitarbeitern verlangen, gleichzeitig aber das Delegieren an die Grenze des Praktikablen treiben. Solche Chefs gelten bei ihren Mitarbeitern als autoritär (*»imperativ«* wäre treffender), sie führen aber

nichtsdestoweniger mitarbeiterorientiert. Letzteres heißt, der Manager und seine Mitarbeiter treffen Entscheidungen, selbständig oder gemeinsam, innerhalb bestimmter Grenzen, die von Gesetzen, Satzungen, Stellenbeschreibungen, der Organisationsstruktur und der Geschäftspolitik vorgegeben werden.
Aber die hierarchischen Gegebenheiten ändern sich dadurch nicht. Friedrich Engels: »Autorität einerseits und Unterordnung andererseits sind Dinge, die sich uns aufzwingen, unabhängig von aller sozialen Organisation.«
Führer und Geführte sind sich darüber im klaren, daß die delegierten Zuständigkeiten und *Entscheidungsbefugnisse* jederzeit vom Chef *zurückgerufen* werden können. Er hat in Wahrheit niemals etwas von seiner Macht abgegeben.
In letzter Zeit war viel von dem japanischen Ringi-System die Rede. Danach soll der Entscheidungsweg in japanischen Unternehmen »demokratisch« von unten nach oben verlaufen. Hans Otto Eglau räumt mit diesem Mythos auf: »Der japanische Entscheidungsweg geht ganz eindeutig von oben nach unten.«

Gesetz Nr. 44

Erfahrene Manager haben ihren eigenen Führungsstil.

»Der Führer handelt, um einer Gruppe zu helfen, ihre Ziele zu erreichen. Aber er verliert niemals seine eigene Identität.«
(Harold Koontz und Cyril O'Donnell)

Der Führungsstil ist *Teil der Persönlichkeit* eines erfolgreichen Top-Managers. Sein Führungsstil hat ihm Erfolg gebracht; warum sollte er ihn ändern.
Top-Manager dürfen ihre Persönlichkeit nicht verändern wollen. Daher können sie auch selten ihren Führungsstil ändern.
Führungskräfte aus dem Mittelmanagement jedoch sind gezwungen, sich dem Führungsstil ihrer *Vorgesetzten anzupassen*. Wer das nicht kann, muß die Konsequenzen ziehen.
Gelegentlich machen Unternehmungen schwerwiegende Fehler, wenn sie einen Top-Manager aussuchen. Sie erwarten von ihm, daß er sich der Unternehmenskultur anpaßt und seinen Führungsstil entsprechend ändert. Das ist eine falsche Hoffnung. Beide Seiten gehen unvermeidlich einer Enttäuschung entgegen.
Das ist auch einer der Gründe, warum Spitzenkräfte manchmal nur kurze Zeit in einer neuen Unternehmung ausharren.
Peters und Waterman in ihrem Buch »Auf der Suche nach Spitzenleistungen« empfehlen einen neuen Führungsstil: »Management by Umherwandern«.
John de Lorean, seinerzeit General Manager der Chevrolet- Division von General Motors, praktizierte diesen Stil schon in den 70er Jahren.
Er fiel durch seine häufige Abwesenheit auf. Er besuchte Fabriken, Niederlassungen, Verkaufsräume, Großkun-

den. Er war in ständiger persönlicher Berührung mit den wichtigsten Problemen, mit denen Chevrolet damals konfrontiert war. Er beschränkte sich nicht darauf, an seinem Schreibtisch im Hauptverwaltungsgebäude von General Motors in Detroit zu sitzen und Berichte zu lesen, die vorher gefiltert waren, die nicht den letzten Stand der Dinge schilderten und nur eine indirekte, oft irreführende Berührung mit den tatsächlichen Problemen erlaubten.
Dieses Verhalten kostete ihn beinahe seine Stellung.
Es kam der Tag, an dem sein unmittelbarer Vorgesetzter ihn anpfiff: »Bleiben Sie an Ihrem Schreibtisch.«
Umgekehrt, Egon Overbeck, als Vorstandsvorsitzender von Mannesmann, erwiderte auf eine diesbezügliche Frage: »Mein Platz ist hier.«
Jeder Manager hat seinen eigenen Führungsstil.

UNTER
LAGEN

Gesetz Nr. 45

»Kommt Zeit, kommt Rat« ist synonym mit Entscheidungsfeigheit.

»From Carrik's Ford to Gettysburg the track of war was lined with graves of soldiers who died while their generals were deliberating.« (Henry Kyd Douglas)

Soldaten sterben, während und weil ihre Generäle endlos beraten. Völker treiben ins Verhängnis, weil ihre Regierungen glauben, *unangenehme Entscheidungen aussitzen* zu können. Und Angestellte einer Unternehmung, die auf eine Anweisung warten, hören statt dessen ein lahmes Gemurmel von Sachzwängen und höherer Gewalt.
Oscar Wilde: »Zögern, gleich welcher Art, ist ein Zeichen von geistigem Verfall bei den Jungen, von körperlichem Verfall bei den Alten.«
Die *schnelle Entscheidung* mag nicht immer die beste sein. Sie mag sogar falsch sein. Aber sie macht ein Ende mit der Lethargie des Treibenlassens, die alle und alles demoralisiert.
Die Römer sprachen eine ganz ähnliche Warnung aus: »Dum Roma deliberat, Saguntum perit – Während Rom überlegt, geht Sagunt zugrunde.«
Auch heute gibt es Probleme, deren Lösung uns auf den Nägeln brennt, die aber seit Jahren, Jahrzehnten ergebnislos diskutiert werden: Agrarsubventionen, Flexibilität des Arbeitsplatzes, Steuerreform sind nur einige.

Gesetz Nr. 46

Hervorragende Manager haben hervorragende Mitarbeiter.

»Unter den wahren Experten werden Unternehmen auf Anhieb nach dem Aussehen der Bürodamen beurteilt. Der Direktor, der keine attraktive Dame für sein Vorzimmer finden kann, findet höchstwahrscheinlich nie etwas.«

(Cyril Northcote Parkinson)

Hervorragende Manager sind sich darüber im klaren, daß sie hervorragende Mitarbeiter finden müssen. Sie wissen, daß sie selber nicht mit allen Sparten und Bereichen eines Unternehmens vertraut sein können.
Sie suchen sich *Mitarbeiter*, die ihre Fachkenntnisse, ihre Stärken und Schwächen *ergänzen*. Natürlich muß die Nummer Eins vertraut sein mit allen wichtigen Bereichen wie Strategische Planung, Produktion, Finanzen, Marketing. Der Chef braucht aber über keine bis ins einzelne gehenden Kenntnisse in diesen Bereichen zu verfügen.
Menschliches Versagen verursacht in allen Unternehmen sofort Krisen.
Der Manager braucht daher Mitarbeiter, die auf seine Anregungen und Führung sofort und *richtig reagieren*.
Nur schwache Chefs haben keine guten Mitarbeiter, weil sie die Kompetenz ihrer Mitarbeiter – und möglichen Konkurrenten und Nachfolger – fürchten müssen.
Mitarbeiter sind immer nur so gut wie ihr Chef.

Gesetz Nr. 47

Manager verlieren niemals die Unternehmensziele aus den Augen.

»Wenn über die Ziele Einverständnis besteht, dann muß der Chef sich und seinen Mitarbeitern gegenüber erbarmungslos sein. Jeder Einfall, der ihm kommt oder von seinen Mitarbeitern ausgesprochen wird und nicht im Rahmen der Geschäftsziele der Firma liegt, muß von ihm rücksichtslos gekillt werden.« (Robert Townsend)

Also keine Diversifikation, keine Zersplitterung.
Es war Peter F. Drucker, der zuerst eindringlich darauf hingewiesen hat, daß Konzentration der Schlüssel zum wirtschaftlichen Erfolg ist.
Also, tue *alle Eier* in *einen* Korb. In Umkehrung der englischen Redensart, *don't put all your eggs into one basket*, d. h. diversifizieren, um das Risiko zu verteilen und damit zu verkleinern.
Die entgegengesetzte Philosophie, sich auf das Wesentliche zu konzentrieren, bedeutet, sich auf das zu konzentrieren, was man gelernt hat, was man beherrscht, was man am besten kann. Dies scheint uns der bessere Weg zu sein.
Es gibt einige Unternehmungen, die erfolgreich diversifiziert haben. Zum Beispiel ITT: aber, ITT ist darauf spezialisiert. Oder wenn Henkel Anfang der 60er Jahre in das Kosmetikgeschäft ging: die Vertriebswege für Kosmetika waren weitgehend die gleichen wie die für Waschmittel, und die Kunden waren ebenfalls dieselben.
Viele Diversifikationen waren ein Fehlschlag: Esso im Hotelgewerbe, Exxon und Volkswagen im Büromaschinengeschäft, Daimler Benz mit Euclid, Volvo mit Fermenta, nicht zu vergessen AEG.

Gesetz Nr. 48

Manager konzentrieren sich auf das Wichtigste.

»When a man knows he is going to be hanged in a fortnight, it will concentrate his mind wonderfully.«

(Rudyard Kipling)

Wenn ein Mann weiß, daß er in 14 Tagen aufgehängt werden wird, so wird dies seine Gedanken wunderbar *konzentrieren.*
Erfolg im Management ist erreicht durch disziplinierte Konzentration.
Führungskräfte konzentrieren ihre gesamten geistigen Anstrengungen und die ihrer Mitarbeiter auf das *wichtigste* anstehende Problem.
Durch Ausrichtung auf das Wesentliche, indem man alle anderen Ablenkungsmöglichkeiten ausschließt, wird das gewünschte Ergebnis schneller erreicht werden.
Manche Manager verwechseln das *Wichtige* mit dem *Dringenden.* Sie verlieren durch den Zeitdruck das Wichtige aus den Augen.
Sich auf das Wichtige konzentrieren bedeutet, daß man die Zeit im Griff hat und gleichzeitig seinen Geist einer Vielfalt von Möglichkeiten öffnet.

Gesetz Nr. 49

Der Erfolg ist »single-minded«.

»Morgens denke ich an Tennis, mittags sowieso, und nachts auch.« (Boris Becker)

Sein Erfolg bestätigt diese Einstellung. Was Boris Becker auszeichnet, sind Entschiedenheit, Freude an der Leistung, Selbstvertrauen, ein unbändiger Siegeswille (»Ich hasse es, zu verlieren«) und *»single-mindedness«:* die 100%ige Ausrichtung auf *nur ein Ziel.*
Richard Schönborn, der Cheftrainer des Deutschen Tennisbundes, erinnert sich an den Elfjährigen: »Er war einer von mehreren, weder leistungsmäßig noch technisch noch konditionell an der Spitze seines Jahrgangs, nur sein Wille überragte alle!«
Machiavelli hätte gesagt, er verfüge über *virtù,* die beste Eigenschaft auch eines Führers: absoluter Wille zum Erfolg.
Übrigens, »single-minded« bitte nicht verwechseln mit »narrow-minded«.
Wenn sich ein Ziel als nicht erreichbar oder machbar erweist, verfügt der gute Manager über die Flexibilität zu Alternativen. Als Admiral Peary 1909 den Nordpol vor Amundsen erreicht hatte, machte Amundsen eine Kehrtwendung von 180° und entdeckte 1911 den Südpol.

Gesetz Nr. 50

Ein guter Chef ist unnachgiebig in Fragen der Disziplin.

»Wenn du einem Pony bei Beginn deiner Bekanntschaft mit der umgekehrten Reitpeitsche einen Hieb zwischen die Ohren versetzt, so wird es dich dafür nicht lieben; es wird aber alle deine zukünftigen Bewegungen mit großem Interesse beobachten.« (Rudyard Kipling)

Han Fe Dse, ca. 250 v. Chr., meint dazu, daß milde Strafen vom Volk kaum beachtet werden. Bleiben Vergehen aber straflos, so treibt man den Staat zur Selbstauflösung.
Die größten Feldherrn der Weltgeschichte waren *absolut unnachgiebig*, ja grausam, in Fragen der *Disziplin*. Beispiele sind Hannibal, Friedrich der Große, Stonewall Jackson. In ihren Armeen gab es keine Disziplinlosigkeit, geschweige denn Meuterei. Von Trotzki, dem Organisator der Roten Armee, stammt der Satz, die Disziplin könne nur aufrechterhalten werden, indem man den Soldaten vor die Wahl stellt zwischen dem möglichen Tod an der Front und dem sicheren Tod hinter der Front.
Ein Manager ist kein Feldherr, aber auch er muß mit menschlichen Schwächen rechnen und entsprechende Gegenmaßnahmen treffen. Er muß sich darüber im klaren sein, daß seine Mitarbeiter ohne Disziplin keine zufriedenstellenden Leistungen erbringen werden. Jede Tolerierung einer unterdurchschnittlichen Leistung wirkt sich verhängnisvoll für die gesamte Organisation aus.
Furcht vor Strafe für eine schlechte Leistung oder für das Nichtbefolgen einer Anweisung ist eines der Elemente der Disziplin. Am anderen Ende der Skala befindet sich die Selbstdisziplin, die sich in Eigeninitiative äußert.
Die positiven Ergebnisse einer erfolgreichen Führung, und dazu gehören *»esprit de corps«* und das Gefühl, etwas Besonderes zu sein, sind ohne diese verschiedenen Dimensionen der *Disziplin* nicht erreichbar.

Gesetz Nr. 51

Manager und Mitarbeiter wachsen mit ihren Aufgaben und Anforderungen.

»For superlative superiors people will work beyond the call of duty.« (Harald Koontz und Cyril O'Donnell)

Für hervorragende Vorgesetzte werden ihre Leute Überdurchschnittliches leisten.
Der dynamische Manager *mobilisiert* die *Kräfte* seiner *Mitarbeiter.* Er versteht es, sie so einzusetzen, daß ihre besonderen Stärken, Begabungen, Talente zum größtmöglichen Einsatz kommen; und zwar derart, daß ihre sicherlich auch vorhandenen Schwächen bedeutungslos bleiben. Es geht nur um das *Wesentliche,* den Beitrag des Mitarbeiters zur Erreichung der Unternehmensziele. Alles andere ist *nebensächlich.*
Der Manager rechnet auch damit, daß es in der besten Unternehmung Mitarbeiter gibt, die fortlaufend prüfen, wo die unteren Grenzen einer zufriedenstellenden Leistung liegen. Seine Antwort ist, diese »unteren Grenzen«, die *Meßlatte, höher* zu legen. Er macht jedem klar, was (tolerierbare) Entschuldigungen und was (unakzeptable) Ausflüchte sind. Und was die Konsequenzen sind, wenn letztere sich häufen.
Nur wer überdurchschnittliche Leistungen verlangt und vorlebt, wird überdurchschnittliche Resultate erzielen.

Gesetz Nr. 52

Der Manager kontrolliert ehrgeizige Mitarbeiter.

»Merkst du, daß der Mitarbeiter mehr an sich denkt als an dich und bei allen Handlungen seinen Vorteil sucht, so wird er nie ein brauchbarer Mitarbeiter werden, und du kannst ihm nie trauen. Denn wer Regierungsgeschäfte besorgt, darf nie an sich denken, sondern immer nur an seinen Herrscher.« (Niccolò Machiavelli)

Der Manager kontrolliert überehrgeizige Mitarbeiter, vorausgesetzt, sie sind loyal und kompetent (sonst gäbe es keinen Grund, sie zu halten). Er kontrolliert sie unter anderem durch Überwachung der informellen Gruppenbildungen und hält sich sorgfältig über alle Vorgänge im Unternehmen auf dem laufenden (vgl. Gesetz Nr. 29).
Auch Erhalt oder Nichterhalt von Informationen entscheiden nicht selten über die Karrieremöglichkeiten eines Mannes. *Fachwissen* basiert auf Informationen. Dadurch kann es auch *Herrschaftswissen* werden.
Die Lehrbücher lehnen die Monopolisierung von Informationen durch höhere Führungskräfte entschieden ab; die Praxis ist da aber ganz anderer Meinung. Von *machtbewußten Politikern* ist es bekannt, daß sie *Wissen zurückhalten.* Jede Entscheidung erfordert Information. Der Informationsträger hat – oder gewinnt – Macht. Je geringer die Zahl der Informationsmonopolisten ist, um so größer ist ihr Einfluß und ihre Macht.
Monopolisierung von Wissen, die Pflege von Herrschaftswissen, mag ein Zeichen von *Führungsschwäche* sein. Aber alle Ermahnungen, auf Herrschaftwissen zu verzichten, bleiben sinnlos. Der Glaube an den möglichen Verzicht ist ein *Mythos.* Mythen hindern uns, die Welt so zu sehen, wie sie ist (vgl. Gesetz Nr. 62).

Gesetz Nr. 53

Konfliktfrei Führen – ein Mythos.

»Unsere Aufgabe ist es nicht, den Konflikt – als existentiellen Spannungszustand – zu negieren, sondern ihn zu erkennen, zu untersuchen, zu bewältigen – und mit ihm zu leben, soweit er nicht zu bewältigen ist.« (Hans L. Merkle)

Konflikte hat es immer gegeben, es wird sie in Zukunft verstärkt geben, und sie sind nicht immer endgültig lösbar. Hat man diesen nüchternen Sachverhalt erst einmal akzeptiert, so ist es weniger schwierig, über Maßnahmen zur *Konfliktsteuerung* nachzudenken, Neuregelungen oder Veränderungen ins Auge zu fassen und auf diese Weise Konflikte so weit wie möglich einzudämmen.

Konfliktsteuerung hat in erster Linie die positive Nutzung und konstruktive Handhabung von Konflikten zum Ziele. Der Versuch, *Konflikte zu vermeiden*, sie zu unterdrücken oder zu überspielen, läuft in der Regel diesen Zielsetzungen zuwider. Der Manager muß also die Notwendigkeit erkennen und die Fähigkeit erwerben, Konflikte zu handhaben, statt sie zu ignorieren oder zu bekämpfen.

Das Ziel muß sein, Konflikte sachlich auszutragen. Dafür ist es wichtig, bestimmte Verhaltensregeln des Angriffs, der Verteidigung und des Schlichtungsverhaltens zu erkennen. Das erst ermöglicht ein *konfliktgerechtes Führungsverhalten.*

In der Praxis läuft es darauf hinaus, einen Führungsstil zu pflegen, der ein Arbeitsklima gegenseitigen Vertrauens schafft und erhält.

Gesetz Nr. 54

Funktionale Anweisungsbefugnis ist konfliktträchtig.

»Ich habe über meinen Fahrer hierarchische Anweisungsbefugnis. Wenn ich mich in den Wagen setze, nachdem ich ihm gesagt habe, wohin er mich fahren soll, unterwerfe ich mich seiner funktionalen Autorität.«

(Wolf Graf v. Baudissin)

Hierarchische Anweisungsbefugnis, praktiziert gegenüber *unmittelbar* Unterstellten, ist das Normale (vgl. Gesetz Nr. 36).
Funktionale Anweisungsbefugnis ist ein abteilungsfremdes, sachbezogenes, oft nur temporäres Recht, *hierarchisch nicht direkt Unterstellte* zum Handeln oder Unterlassen aufzufordern. Es wird meist von Stabsabteilungen, gelegentlich aber auch von Linienabteilungen ausgeübt.
Die funktionale Anweisungsbefugnis ist aus unseren modernen, komplizierten Unternehmen nicht mehr wegzudenken. Sie hat zur Matrix-Organisation geführt.
Funktionale Anweisungsbefugnis zerstört die *Einheitlichkeit der Befehlswege* = Unity of Command, die besagt, niemand darf mehr als einen Chef haben.
Sie ist daher konfliktträchtig und darf nur so sparsam wie möglich praktiziert werden.

Gesetz Nr. 55

Eine Position der Stärke ist mehrfach abgesichert.

»Es gibt fünf Säulen der Macht: Anweisungsbefugnis, Fachkompetenz, Anerkennung und Belohnung, Disziplinargewalt, Charisma.« (Eckart Flöther)

Ein Manager, dessen Macht nur auf einer Säule steht, ist schwach.

Wer seine Autorität, seine Effektivität und sein Durchsetzungsvermögen bewahren will, muß seine Macht *mehrfach abstützen.*

Die vier ersten Säulen sind unverzichtbar.

1. Der Manager besitzt Anweisungsbefugnis; kraft Amtes.
2. Der Manager verfügt über fachliche Kompetenz.
3. Der Manager hat das Recht, gute Leistungen seiner Mitarbeiter anzuerkennen und zu belohnen; und
4. schlechtes Verhalten zu tadeln und zu bestrafen (vgl. Gesetz Nr. 71).

Der Manager, der auch über Charisma verfügt, ist ein Führer; wobei wir unter Charisma die persönliche Ausstrahlung eines Menschen und seine in schwierigen Situationen bewährte Führungskunst verstehen.

Diese können ihm eine zusätzliche persönliche, eben charismatische Autorität verleihen.

Gesetz Nr. 56

Der umsichtige Chef ist kompromißbereit.

»So muß ein Herrscher milde, treu, menschlich, aufrichtig und fromm scheinen, und er soll es gleichzeitig auch sein; aber er muß auch die Seelenstärke besitzen, im Falle der Not alles ins Gegenteil wenden zu können.«

(Niccolò Machiavelli)

Machiavelli fordert, daß der Fürst Anpassungsfähigkeit besitzt.
Er prüft die vorherrschenden Tendenzen, wägt sie und entscheidet, ob und wieweit er sich ihnen fügt. Soll er sich den Umständen anpassen oder versuchen, sie *seinem Willen anzupassen?*
Letzteres wird sich meist als unmöglich herausstellen. Wie aber er sich auch entscheidet, er darf sich niemals selber aufgeben.
Letztendlich mag alles im Guten enden. »A esperança é a última que morre«, sagen die Brasilianer. Die Hoffnung stirbt als letztes. Egal, welche Schwierigkeiten oder Niederlagen uns befallen. Deswegen gilt der Satz »Politik ist die Kunst des Möglichen« auch und vor allem für den Manager. Auch er muß die Kunst beherrschen, Kompromisse abzuschließen und Anpassungsfähigkeit zu demonstrieren, mag man ihn auch gelegentlich als *opportunistisch* schelten; wobei er nicht oder nur höchst selten in extremis gehen darf, wie Machiavelli es empfiehlt.
Die *Notfälle,* von denen Machiavelli spricht, sind *Ausnahmefälle.*

Gesetz Nr. 57

Der selbstbewußte Manager zögert nicht, sich zu korrigieren.

»Ein Mensch, der sich rühmt, niemals seine Meinung zu ändern, ist ein Hohlschädel, der an die Unfehlbarkeit glaubt.« (Honoré de Balzac)

Der preußische Kronprinz Friedrich schrieb 1739 eine Streitschrift unter dem Titel »Anti-Machiavelli«, mit dem Tenor, daß Machiavelli die Staatskunst verdorben und die Lehren der gesunden Moral vernichtet habe.
Friedrich der Große bewies seine Größe, als er im Alter äußerte, er sei »gezwungen zu gestehen, daß Machiavelli recht hat«.
Der Manager muß sich, falls nötig, korrigieren – egal, ob es sich um seine Meinung oder eine seiner Anweisungen handelt. Aber seine *Sinnesänderung* muß er den Mitarbeitern gegenüber *überzeugend begründen.*
Hüten wir uns vor den Leuten in angesehenen, einflußreichen und hochdotierten Stellungen, die Lernunfähigkeit mit Charakterstärke verwechseln.

Gesetz Nr. 58

Der Chef verliert niemals die Contenance.

»Die Kunst, sich selbst zu meistern, und die Kunst, einen Staat zu regieren, beruhen auf dem gleichen Grundsatz.«

(Lü Bu-we, ca. 240 v. Chr.)

Meinungsumfragen bestätigen, daß eine Mehrzahl der Chefs glaubt, sie dürften sich hin und wieder mal gehen lassen. Die Wutanfälle von A. Sloan, der General Motors immerhin zur größten Unternehmung der Welt geführt hat, waren gefürchtet.
Peter Drucker erzählt, wie er einmal unerwartet das Büro von A. Sloan betrat, just als dieser einen seiner Wutanfälle hatte, weil einer seiner Topleute einen unverzeihlichen Fehler, und das nicht zum erstenmal, gemacht hatte. Aber auf die Frage, warum er diesen Mann nicht feuere, beruhigte er sich sofort und sagte: »Das kann ich nicht, he performs – er leistet etwas.«
Der Körper eines verängstigten Menschen produziert Streßhormone, Adrenalin und Noradrenalin, welche die Gehirntätigkeit beeinträchtigen. Der gestreßte Mitarbeiter kann nicht mehr konzentriert arbeiten.
Der Manager, der sich gehen läßt, verliert Autorität und den Respekt, den die Mitarbeiter ihm normalerweise entgegenbringen.
Noch schlimmer: Der Manager ohne Selbstbeherrschung *erfährt nicht mehr die Wahrheit.* Seine Leute fürchten seine Emotionen.
Führungskräfte sollten sich darüber im klaren sein, daß sie ihren Charakter zwar nicht ändern können, wohl aber ihr Verhalten.

Gesetz Nr. 59

Ein Chef fürchtet sich nicht, unbeliebt zu sein.

»Kümmert es Sie, was andere von Ihnen denken?«
(Carl Duerr)

Ein Chef hat so viel Selbstvertrauen, daß er auf die Zustimmung von Dritten verzichten kann, wenn seine Bemühungen, sie zu überzeugen, gescheitert sind. Er muß sich nur ihrer Unterstützung für die Durchsetzung seiner Zielsetzungen vergewissern!
Bereitschaft zum wohlüberlegten Risiko, Bereitschaft zu Neuerungen, Bereitschaft zum überdurchschnittlichen persönlichen Einsatz sind die Markenzeichen des dynamischen Managers. Sie bringen ihm Erfolg; sie machen ihn keineswegs beliebt.
Die alte Streitfrage, ob es besser sei, *beliebt zu sein* oder *gefürchtet* zu werden, beantwortet Machiavelli damit, daß man sowohl das eine als auch das andere sein sollte. Da es aber praktisch unmöglich ist, beides gleichzeitig zu sein, so sei es wohl vorzuziehen, gefürchtet zu werden. Zuneigung wird durch Wohltaten erkauft und durch das Band der Dankbarkeit erhalten. Dieses aber sind die Menschen geneigt, bei jeder Gelegenheit zu zerreißen. Furcht dagegen beruht auf der Angst vor Strafe, und diese Angst wird den Menschen nie verlassen.
Nichtsdestoweniger sollte auch der ungeliebte Chef sich um Ansehen, Achtung und Respekt bemühen.

Gesetz Nr. 60

Manager führen auch unpopuläre Entscheidungen durch.

»Der Herrscher soll darauf bedacht sein, daß sein Urteil unwiderruflich ist und daß er in einem solchen Ruf steht, daß niemand es wagt, ihn zu täuschen oder zu hintergehen.«

(Niccolò Machiavelli)

Manche Manager neigen dazu, Anweisungen oder Entscheidungen zu ändern, wenn sie sich als unpopulär erweisen; oder, noch schlimmer, das Nichtbefolgen schweigend zu tolerieren. Das läßt sie in den Augen ihrer Untergebenen als schwankend und unschlüssig erscheinen. Sie verlieren an Autorität. Die Organisation leidet.
Unpopuläre Entscheidungen sind *unvermeidlich*, Der Manager muß sie unter allen Umständen *durchsetzen.*
Der, der sich niemanden zum Feinde machen möchte, wird zum Schluß auch ohne Freunde dastehen.
Marie von Ebner-Eschenbach: »Nichts macht uns feiger und gewissenloser als der Wunsch, von allen Menschen geliebt zu werden.«

Gesetz Nr. 61

Der Vorgesetzte hat Privilegien.

»Quod licet Jovi,
Non licet bovi.« (Römisches Sprichwort)

Was Jupiter erlaubt ist, ist dem Ochsen noch lange nicht erlaubt, sagten die Römer.
Es ist ein heidnisches Sprichwort, das der christlichen Morallehre zuwiderläuft. Gleichwohl, es hat überlebt.
Die amerikanischen Militärs drücken es etwas höflicher aus: »Rank has privileges – Der Vorgesetzte hat Privilegien.«
Besser formuliert hat es Robert Holzach: »Unsere Vorgesetztenfreiheit ist ein Anspruch, der im Verhältnis zur Freiheit unserer Kollegen und Mitarbeiter nicht nur seinen Inhalt, sondern auch seine Grenzen erfährt.«
Der kluge Manager hütet sich, seine Privilegien zu betonen oder gar zu mißbrauchen.

Gesetz Nr. 62

Das moderne Management braucht weder Ideologien noch Mythen.

»Only by renouncing all ideology can we begin to see the world and man.« (James Burnham)

Nur durch den Verzicht auf jede Art von Ideologie können wir beginnen, die Welt und die Menschen so zu sehen, wie sie wirklich sind. Das sagt ein Mann, der selber einen Teil seines Lebens für eine Ideologie gekämpft hat, die eine Patentlösung für alle Probleme des Lebens und der Gesellschaft anbot.

Ideologien sind nicht nur *unfruchtbar,* sie sind oftmals auch *wirklichkeitsfremd* und werden dann gefährlich. Pater Lay S. J. nennt sie »kolossale Verurteilungssysteme«.

Unternehmer und Spitzenmanager müssen verantwortungsbewußt handeln. Verantwortung tragen aber heißt, die übertragenen Zuständigkeiten und Vollmachten einsichtsvoll zu gebrauchen. In diesem Sinne ist Verantwortungsbewußtsein der Ausdruck eines moralischen Imperativs.

Dies gilt auch dann, wenn dieser moralische Imperativ in gewissen Zeiten nicht mit den herrschenden Morallehren übereinstimmt. Es war niemand anderes als Goethe, der gesagt hat, »ich will lieber eine Ungerechtigkeit begehen als Unordnung ertragen«. Zweckmäßig ist das, was zum Erfolge führt und damit letzten Endes auch dem Wohle der Gemeinschaft dient, und das ist der moralische Imperativ eines Unternehmers.

Gegenüber allen Ideologien gilt die Aufforderung von Kant: »Habe Mut, dich deines eigenen Verstandes zu bedienen.«

Gesetz Nr. 63

Es gibt keinen Ersatz für Erfolg.

»Longstreets Corps war von Tennessee zurückgekehrt, und jetzt waren sie wieder in Virginia, wo sie hingehörten, und es war wie ein Nachhausekommen. Sie waren aufgestellt in einem offenen Feld, im Frühlingssonnenschein, lange Reihen, regungslos, Männer in abgetragenen und zerrissenen Uniformen, in perfekter Ordnung ... Und dann kam ein Trompetensignal, und die Artillerie feuerte einen Salut, und Robert E. Lee ritt vor diese Männer, brachte sein Schlachtroß zum Stehen, nahm seinen Hut ab und schaute seine Soldaten an. Die Männer brachen in den Falsettoschrei der Konföderierten aus. Alle die unterdrückten Gefühle von harten Feldzügen und blutigen Schlachten entluden sich in dem gellenden Schlachtruf der Rebellen.
Ein Mann, der dabei war, erinnerte sich vierzig Jahre später: ›Die Wirkung war wie von einem militärischen Sakrament.‹
Ein Kaplan aus Longstreets Corps wandte sich an einen Offizier aus Lees Stab: ›Macht es nicht den General stolz zu sehen, wie diese Männer ihn lieben?‹ Der Offizier schüttelte den Kopf: ›Nicht stolz. Es überwältigt ihn.‹«

(Bruce Catton)

Die Soldaten von General Lee waren unterbewaffnet, unterernährt, schlecht gekleidet. Es war eine ausgemachte Sache, daß sie in jede militärische Auseinandersetzung mit einem numerischen Handicap gingen.
Nichtsdestoweniger führte General Lee sie von Sieg zu Sieg. Er verlangte von seinen Soldaten die größten Blutopfer. Aber sie folgten ihm unbeirrt.
Warum?
Sie anerkannten vorbehaltlos seine alles überragende persönliche und fachliche Autorität. Lee war jahrelang unbesiegt – bis zum letzten Jahr des Bürgerkriegs, als Grant ihn in den Schützengräben vor Richmond und Petersburg festgenagelt hatte. In diesen letzten hoffnungslosen Monaten begannen seine Soldaten zu desertieren.
Es gibt keinen Ersatz für Erfolg.

Motivieren

Motivieren ist die Schaffung
eines Anreizes für eine
gewünschte Handlung
(oder Unterlassung).
Manipulieren ist die Schaffung
eines Anreizes für eine
gewünschte Handlung
(oder Unterlassung).

Motivieren

Gesetz-Nr.

64.	Motivation – Manipulation
65.	Motivationssysteme
66.	Eigeninitiative
67.	Befriedigte Bedürfnisse
68.	Verstärker
69.	Motivationsfaktoren
70.	Strafe
71.	Lob
72.	Leistungsentlohnung
73.	Pekuniäre Belohnung
74.	Schnell belohnen
75.	Loyalität
76.	Selbstverwirklichung und Fehlverhalten
77.	Leistungsdruck
78.	Selbstverwirklichung
79.	Leistungen
80.	Rücksichtslosigkeit
81.	Fluktuation
82.	Loyalität – rückläufig
83.	Betriebsklima

Gesetz Nr. 64

Motivation ist Manipulation und Manipulation ist Motivation.

»Alles was wir tun, tun wir mit einem Hintergedanken.«
(Aristoteles)

Motivation verfolgt das *gleiche Ziel* wie Manipulation: Ein anderer soll etwas für mich oder meine Organisation tun. Wir versuchen, sein Verhalten zu steuern.
Natürlich gibt es Unterschiede zwischen Motivation und Manipulation. Ein Unterschied besteht darin, daß mit der Motivation dem Betroffenen *bewußt* gemacht wird, wohin die Reise geht. Die Manipulation dagegen läßt den Betroffenen im unklaren.
Ein zweiter Unterschied:
Manipulation kann dem Betroffenen *schaden,* während Motivation den Manager und den Mitarbeiter voranbringt.
Manchmal erweckt Manipulation auch *künstliche* Bedürfnisse; und dementsprechend werden die Menschen getäuscht und geschädigt. Der Manipulierte nimmt seine Situation nicht wahr.
Das aber ist gefährlich.
Sobald der Manipulierte die Manipulation entdeckt, wird er feindselig reagieren.

Gesetz Nr. 65

Mitarbeiter werden von mehr als einem Motivationsfaktor bewegt.

»Für die nächsten zweieinhalb Jahrhunderte (nach dem Verlust von Akka 1291) übernahmen die Johanniter die Rolle der Polizei im östlichen Mittelmeer und verbanden diese Funktion mühelos mit dem Dienst am Herrn und gelegentlichen Abstechern ins Piratentum. Sie geben damit ein besonders anschauliches Beispiel der Motivverflechtung.«

(John Kenneth Galbraith)

Wir sprechen zu Recht von *Motivationssystemen.*
Es gibt zwei *äußere* Motivationsfaktoren: Zwang und Geld; und zwei *innere*: Ehrgeiz und Identifikation.
In dem Maße, wie im Laufe der Geschichte Zwang an Bedeutung verlor, wurde die Identifikation des Individuums mit der Arbeit und den Zielen seiner Gruppe immer wichtiger.
»There are many different ways to land a fish. – Es gibt viele verschiedene Arten, einen Fisch zu fangen.«
Erfolgreiche Manager wissen und berücksichtigen, daß Mitarbeiter motiviert werden von *verschiedenartigen Bedürfnissen* und daß dieselbe Arbeit verschiedene Arten von Bedürfnissen bei verschiedenen Mitarbeitern befriedigen kann.
Einige arbeiten für Geld, andere aus gesellschaftlichen Gründen, andere, um ihren Status aufrechtzuerhalten oder zu verbessern, und andere wieder, um sich selbst zu verwirklichen. Wahrscheinlich werden alle von diesen Bedürfnissen angetrieben, nur mit verschiedener Intensität; und bei verschiedenen Gelegenheiten und zu verschiedenen Zeiten ändert sich die Reihenfolge der Wichtigkeit der verschiedenen Faktoren.

Gesetz Nr. 66

Die Stimulierung der Eigeninitiative der Mitarbeiter ist ein hervorragender Motivationsfaktor.

»Vielfach sind die Situationen, in welchen der Offizier nach eigener Ansicht handeln muß.«

(Graf Helmuth von Moltke)

Moltkes Führungsstil beruhte auf der wirksamen Verbindung von Leitung und Gewährenlassen. Auf eine griffige Formel gebracht:
»There are no sins of commission.
There are only sins of omission.«
Es gibt keine Tatsünden;
es gibt nur Unterlassungssünden.
Der Chef, der so denkt und handelt, ermutigt das *selbständige Handeln* seiner Mitarbeiter.
Es entlastet den Chef, erhöht seine Leistungsfähigkeit und motiviert seine Mitarbeiter.
Für viele Mitarbeiter ist der obige Grundsatz der wichtigste Motivationsfaktor überhaupt.

Gesetz Nr. 67

Befriedigte Bedürfnisse motivieren nicht mehr.

»Du wirst niemals wissen, was genug ist, bis du weißt, was mehr als genug ist.« (William Blake)

Dieses Gesetz ist sehr frustrierend und führt möglicherweise in ein Labyrinth.
Wenn die normalen Bedürfnisse eines Mitarbeiters befriedigt sind, was kann der Manager tun?
Er kann den Mitarbeiter herausfordern. Dafür stehen ihm mehrere Möglichkeiten zur Verfügung.

Job-enlargement, d. h. er überträgt seinen Mitarbeitern *mehr Aufgaben* oder gibt ihnen neue Zielsetzungen.

Job-enrichment, d. h. die Aufgabenstellung wird *anspruchsvoller* oder die Zuständigkeiten und Vollmachten werden vergrößert.

Job-rotation, d. h. der Mitarbeiter erhält eine *gleichrangige* Aufgabe in einer *anderen* Abteilung.

Diese drei Möglichkeiten wurden in den letzten Jahrzehnten weltweit durchgespielt. Der Erfolg war sehr unterschiedlich und nicht immer überzeugend.
Es liegt an dem Manager, diese und andere verfügbare Alternativen zu nutzen.

Gesetz Nr. 68

Positive Verstärker sind ein wichtiger Motivationsfaktor.

»Ein Positiver Verstärker intensiviert das Verhalten.«
(Burrhus Skinner)

Wenn ein Mitarbeiter eine außergewöhnliche Leistung erbringt, sollte sein Chef dies anerkennen, indem er diese außerordentliche Leistung mit einem Positiven Verstärker unterstützt: ein freundliches Wort, ein Brief, eine Belohnung, eine Beförderung, eine Gehaltserhöhung.
Positive Verstärker fördern das Verhalten, das dem Einsatz des Positiven Verstärkers vorausgegangen ist. Sie sind einer der *wirkungsvollsten Motivationsfaktoren,* der Managern zur Verfügung steht.
Ein weiterer Motivationsfaktor ist das Gegenteil, nämlich die Beseitigung eines *Negativum*; z. B. die Beseitigung eines Störfaktors, sei es eine Lärmbelästigung, sei es eine Konfliktsituation.
(B. Skinner nennt das letztere einen Negativen Verstärker.)
Sowohl der Positive als auch der Negative Verstärker führen zu einer Leistungssteigerung.

Gesetz Nr. 69

Positive und negative Motivationsfaktoren ergänzen sich.

»Das Volk hat in seiner Lebensweise die Neigung, töricht zu werden, wenn man seinen Gelüsten freien Lauf läßt, und wohlgeartet zu sein, wenn man seine Gelüste zähmt.«

(Guan Dse, ca. 300 v. Chr.)

Disziplinäre Maßnahmen sind das notwendige Pendant zu den bis zur Erschöpfung empfohlenen Streicheleinheiten. (Ständiges Lob kann zum »Lorbeereffekt« führen. Das Lob verliert seinen Wert und damit seine Wirkung.)
Der Manager, der glaubt, seine unternehmerischen Ziele ohne den Einsatz disziplinarischer Maßnahmen erreichen zu können, wird scheitern.

Gesetz Nr. 70

Strafe wird ein falsches Verhalten selten ändern.

»Wenn man das Volk mit Dekreten lenkt und durch Strafmaßnahmen in Bann hält, so wird es den Strafen zu entgehen suchen und doch keine Scham kennen.«

(Kung Fu-dse = Konfuzius, ca. 500 v. Chr.)

Die vorherrschende Meinung ist, daß *Bestrafung zu besserem Verhalten* des Betroffenen führen wird.
Das ist keineswegs sicher.
Die Bestraften werden sich in Zukunft natürlich um die *Vermeidung von Strafen* bemühen. Aber *nicht notwendigerweise* durch bessere Leistungen und Änderung ihres Fehlverhaltens. Sie werden eher danach trachten, bessere Wege zu finden, um ihren Vorgesetzten zu täuschen.
Dies muß das Management bei seinen disziplinären Maßnahmen beachten.
Anders verhält es sich mit der *Furcht vor Strafe.*
Furcht ist etwas durch Erfahrung Erworbenes. Furcht kann zur Verhaltensänderung führen; also ein negatives Verhalten (im vorhinein!) verhindern.
Furcht vor Strafe und *Bestrafung* haben daher nicht die gleiche Wirkung.
Furcht vor Strafe hat eine *verstärkende* Funktion im Sinne von B. Skinner.

Gesetz Nr. 71

Manager sind sparsam mit Lob.

»Lob muß wertvoll gehalten werden.«

(Cyril Northcote Parkinson)

Lob und Tadel beziehen sich auf das *Verhalten* der Mitarbeiter; Anerkennung und Kritik auf deren *Leistung*.
Der Manager darf Lob und Anerkennung nicht allzu häufig aussprechen.
Nur auf diese Weise bleiben sie wirksam.
Der effiziente Manager achtet darauf, daß dieses Gesetz (Nr. 71) nicht in Widerspruch gerät zu Gesetz Nr. 68.

Gesetz Nr. 72

Geld ist nicht die wichtigste Motivation für Manager.

»Der Hinweis auf die pekuniären Anreize zur Arbeit ist ein Überbleibsel einer primitiven Assoziation von Einkommen und Leistung.« (John Kenneth Galbraith)

Rupert Lay S. J. war unseres Wissens der erste, der darauf hinwies, daß die Idee einer leistungsorientierten Entlohnung von Karl Marx stammt. Marx wollte damit die kapitalistische Ordnung kritisieren: In ihr werde die Arbeit, statt nach ihrem tatsächlichen Wert, nach ihrem Marktwert entlohnt. Dies sei ungerecht und unmenschlich. Wer also für eine *Leistungsentlohnung* eintritt, sollte sich darüber im klaren sein, daß er sich damit, laut Lay, zu einem *»Feind unserer Wirtschaftsordnung«* macht.

Für die Spitzenkräfte einer Unternehmung gilt die Leistungsentlohnung sowieso nicht. Sie würden es niemals hinnehmen, daß man ihnen vorwirft, ihr Interesse für die Verwirklichung der unternehmerischen Zielsetzungen sei geringer als ihr pekuniäres Interesse. Sie würden eine solche Unterstellung als eine Beleidigung betrachten, und sie würde ihrer weiteren Karriere auch nicht gut tun.

Die einzigen Mitglieder unserer Gesellschaft, die sich allein und ausschließlich von Geld motivieren lassen, sind die Inhaber unserer Aktiengesellschaften, die Aktionäre.

Natürlich spielt innerhalb unserer Motivationssysteme die pekuniäre Belohnung auch weiterhin eine große Rolle. Aber schon Abraham Maslow hat festgestellt, daß ein Individuum, dessen materielle Grundbedürfnisse befriedigt sind, sich durch *Geld allein* nicht mehr motivieren läßt.

Gesetz Nr. 73

Rein pekuniäre Belohnung sollte sparsam gehandhabt werden.

»Nichts verzehrt sich selber so sehr wie die Freigebigkeit; indem du sie ausübst, schmälerst du gleichzeitig die Möglichkeit, sie auszuüben.« (Niccolò Machiavelli)

Geld wirkt als Motivationsfaktor wesentlich stärker, wenn die Belohnung selten und aperiodisch statt regelmäßig gewährt wird.
Der *immaterielle Wert* einer solchen Geldzuwendung ist ungleich höher als der einer routinemäßigen Gehaltserhöhung.
Übrigens ist der *immaterielle Wert* einer pekuniären Belohnung, die Anerkennung, die darin enthalten ist, für den Empfänger oft noch wichtiger als der materielle Wert.

Gesetz Nr. 74

Eine außergewöhnliche Leistung ist unverzüglich zu belohnen.

»Bis dat, qui cito dat.« (Römisches Sprichwort)

Doppelt gibt, wer schnell gibt.
Die *sofortige Anerkennung* einer herausragenden Leistung macht sie wertvoller. Der Manager darf nicht warten, bis die nächste Gehaltserhöhung fällig ist oder die jährliche Prämie ansteht. Keine Routine.
Eine überdurchschnittliche Leistung sollte von den vorgesetzten Stellen *sofort* zur Kenntnis genommen werden.
Auch wollen Mitarbeiter gern wissen, ob ihre Leistung zufriedenstellend ist. Dies ist für ihre Moral von größter Bedeutung.

Gesetz Nr. 75

Loyalität zum Vorgesetzten und zum Unternehmen sind unverzichtbar.

»Es waren die Mitarbeiter von General Motors, die für das ständig hervorragende Abschneiden des Unternehmens verantwortlich waren, die aus vielen Gründen Außerordentliches leisteten, auch wegen des inneren Drangs zum Hervorstechen und zu erfolgreichem Wettbewerb, aus Loyalität zum Unternehmen und zu ihren Kollegen.«

(John F. Gordon)

Vielleicht ist kein Management-Gesetz von größerer fundamentaler Bedeutung als die Notwendigkeit, die volle *Einsatzbereitschaft* aller Mitarbeiter für den Erfolg und die Verwirklichung der unternehmerischen Zielsetzungen zu gewinnen.

Der Chef, der die Loyalität seiner Mitarbeiter für sich und das Unternehmen sicherstellen will, schafft um sich herum eine *Atmosphäre* des *Vertrauens.*

Er pflegt die Moral der Organisation. Er ist von einem unerschütterlichen Glauben beseelt – und diesen Glauben überträgt er auf seine Mitarbeiter –, daß das, was er und seine Leute tun, korrekt und richtig ist.

Schlechte Chefs handeln zögerlich, sind unsicher, ändern häufig ihre Meinung. Sie sind von ihren eigenen Entscheidungen nicht restlos überzeugt. Diese Schwächen werden von den Mitarbeitern rasch durchschaut. Dann werden Moral und Arbeitsfreude absinken. Mitarbeiter werden den Chef herausfordern, die betrieblichen Ziele werden nicht erreicht werden. Die Loyalität zwischen Führern und Geführten ist zerstört.

Die *Treue* zum *Unternehmen* ist zwar rückläufig (vgl. Gesetz Nr. 82). Aber kein Chef darf irgendeine *persönliche Illoyalität* eines Mitarbeiters dulden.

Das wäre für ihn tödlich. Loyalität eines Mitarbeiters zu seinem Vorgesetzten rangiert in seiner persönlichen Bewertungsskala noch *vor* Kompetenz und Einsatzbereitschaft.

Gesetz Nr. 76

Selbstverwirklichung ist das Gegenteil von Disziplinlosigkeit und Asozialität.

»Die Umfunktionierung des Begriffes Selbstverwirklichung zum Alibi für jeden Ego-Trip ist eine der heuchlerischen und bedrückenden Erscheinungen unserer Tage.«

(Hans P. Jansen)

Abraham H. Maslow definiert Selbstverwirklichung als das Bedürfnis des Menschen, die eigenen Möglichkeiten zu entfalten. Rupert Lay S. J. ergänzt dies als die Verwirklichung der in der Ich-Realität liegenden Möglichkeiten. Voraussetzungen dafür sind Selbsterkenntnis und Selbstannahme. Lay bezeichnet als »Selbst« die Person, »insofern zwischen bewußten und unbewußten Motivationsanteilen keine Gegensätze und Konflikte bestehen«.
Hans P. Jansen erweitert Maslows Definition. Er meint, Selbstverwirklichung ist die Entfaltung der eigenen Möglichkeiten zum *gleichzeitigen Nutzen der Gemeinschaft.* Jansen sieht also die Harmonie nicht – oder nicht nur – zwischen bewußten und unbewußten Motivationsanteilen, sondern zwischen den eigenen Möglichkeiten und dem gleichzeitigen Nutzen der Gemeinschaft.
Dies ist ein dialektischer Prozeß, bei dem einerseits das eigene Ich, die eigene Persönlichkeit aufgebaut wird, die sich aber gleichzeitig der Gemeinschaft verpflichtet fühlt.
Jansen warnt vor der heute zu beobachtenden negativen Entwicklung, durch die der Begriff »Selbstverwirklichung« eine leere Worthülse geworden ist. Sie dient oft nur dazu, jede Art von Fehlverhalten und Versäumnissen zu entschuldigen. Eine echte Selbstverwirklichung ist aber nur dann möglich, wenn es dem Menschen gelingt, sein Leben mit Sinn zu erfüllen. Diesen Sinn sehen wir natürlicherweise in der produktiven Entfaltung der eigenen Kräfte, unter gleichzeitiger Hinwendung zu anderen Menschen.

Gesetz Nr. 77

Ergebnisorientiertes Management braucht Leistungsdruck.

»Hier sitze ich,
Forme Menschen nach meinem Bilde,
Ein Geschlecht, das mir gleich sei,
Zu leiden, zu weinen,
Zu genießen und zu freuen sich,
Und dein nicht zu achten,
Wie ich!« (J. W. v. Goethe)

In seiner Herausforderung an Zeus vertritt Prometheus einen Menschen, dem nichts geschenkt wird, dessen Lebensbedingungen eine *Leistung* erzwingen und keine passive Hinnahme des Gegebenen erlauben.
Unsere Umwelt wird *erarbeitet,* nicht schicksalsergeben akzeptiert. Das hat auch Friedrich Engels betont, als er »Die Rolle der Arbeit bei der Menschwerdung des Affen« schrieb.
Die Verheißung der Befreiung vom Leistungsdruck hingegen bedeutet letztlich »Die Arbeit tun die anderen« (Helmut Schelsky).
Natürlich gibt es auch Menschen, die sich ohne Leistungsdruck voll engagieren.
Diese vor allem gilt es, für uns zu gewinnen.

Gesetz Nr. 78

Selbstverwirklichung ist echte Motivation.

»Freude an der Arbeit und Engagement für ein sinnvolles Ziel führen zur Selbstverwirklichung.« (Eckart Flöther)

Die Sehnsucht nach Selbstverwirklichung ist eine große in unserem Leben wirkende Kraft.
Um uns selbst zu verwirklichen, müssen gewisse Voraussetzungen geschaffen werden. Dazu gehört die *gemeinsame Arbeit* in einer Gruppe oder einer Organisation. Sie ist der erste Schritt zur Selbstverwirklichung.
Wir unterscheiden die *rationale* und die *irrationale Komponente* eines Motivs. Die erste ist die Zielsetzung sowohl unseres persönlichen Lebens als auch der Organisation, der wir angehören. Die eigentlich treibende Kraft in unserem Leben aber ist die *irrationale Komponente.*
Emotionen werden weitestgehend aus dem Unterbewußtsein gesteuert, und dieses Unterbewußtsein ist rational nicht zugänglich.
Die neuere Psychologie versucht, mit Hilfe der Psycho-Kybernetik die unterbewußten Vorgänge zu erfassen und zu steuern.
Der Ansatzpunkt der Empfindungen ist die Erlebens- und Vorstellungskraft, und zwar durch kontrollierte, im Sinne der Zielvorstellungen aufbauende Eingaben an das Innenleben.
Menschen, die wir motivieren wollen, müssen wir zur Selbstverwirklichung führen.

Gesetz Nr. 79

Spitzenleistung ist Gemeinschaftsleistung von Manager und Mitarbeitern.

»Niemand respektiert einen Chef, der eine halbfertige oder mangelhafte Arbeit akzeptiert.« (Götz Hohenstein)

Die Führungsfunktion des Managers wird positiv ergänzt durch *kompetente Mitarbeiter,* die von sich aus mit dem Chef kooperieren und ihm die notwendigen *korrigierenden Maßnahmen vorschlagen.* Diese Initiativen sind mit allen Mitteln zu ermutigen.
Unabhängig davon aber darf kein Manager eine unterdurchschnittliche Arbeitsleistung dulden – eine unkorrekte, nachlässige, unfertige. Wenn er dies tut, *belohnt* er in der Tat einen Mitarbeiter für *schlechte Arbeit.* Dieser wird es aber seinem Chef nicht danken. Im Gegenteil, er wird seinen Respekt vor ihm verlieren. Er wird weiterhin schlechte Arbeit liefern. Er wurde ja darin bestätigt.

Gesetz Nr. 80

Rücksichtslosigkeit gehört zum Arsenal des Managers.

»I must be ruthless.
Only to be kind.« (Hamlet)

Ich muß rücksichtslos sein, um gütig sein zu können, läßt Shakespeare Hamlet sagen.
Der Manager, der *rücksichtsvoll* zu sein versucht, wenn die Umstände Rücksichtslosigkeit verlangen, wird dies jedesmal über kurz oder lang *bereuen.*
Nachgiebigkeit gegenüber den Unfleißigen, Unloyalen, Unsorgfältigen bedeutet, daß die Fleißigen, Loyalen, Sorgfältigen bestraft werden. Sie müssen die Last der anderen mittragen. Ohne dafür Anerkennung zu finden.
Mangel an Rücksichtslosigkeit ist eine Charakterschwäche und damit eine *Führungsschwäche.*
Wobei Rücksichtslosigkeit und *Unhöflichkeit* nicht miteinander verwechselt werden dürfen. Im Gegenteil: »The iron fist in the velvet glove – Die eiserne Faust im Samthandschuh.«

Gesetz Nr. 81

Fluktuation muß nicht negativ sein.

»Niemand sollte länger als fünf Jahre als oberstes ausführendes Organ an der Spitze einer Organisation stehen. Denn nach dieser Zeit ist er verbraucht, gelangweilt und vollkommen von seinen eingefahrenen Vorstellungen abhängig.« (Robert Townsend)

Fluktuation ist nicht notwendigerweise ein Zeichen von Schwäche.
Brutal ausgedrückt heißt das,
»Hire them,
tire them,
fire them.«
Auch wenn wir uns mit dieser saloppen Redensart mancher amerikanischer Manager nicht identifizieren wollen, so ist doch festzuhalten, daß, *entgegen der landläufigen Meinung,* Fluktuation nicht immer ein Schwachpunkt ist.
Im allgemeinen neigen Unternehmungen dazu, kompetente, vertrauenswürdige Mitarbeiter so lange wie möglich in der Unternehmung zu behalten. Sie glauben, der Unternehmung damit *Beständigkeit* zu verleihen. Das ist richtig.
Jedoch, Fluktuation kann auch vorteilhaft sein:
Wir müssen nicht Mitarbeiter zurückhalten, die unzufrieden sind und deswegen nicht ihr Bestes geben.
Wir können Kosten senken. Wir können neue, qualifizierte Mitarbeiter suchen, mit besseren Kenntnissen der letzten beruflichen und technologischen Entwicklung. Ihr Kosten-Nutzen-Verhältnis ist oft günstiger als das langjähriger Mitarbeiter, deren Bildungsniveau vielleicht zurückgeblieben ist.
Wir können den Personalaufwand reduzieren, um die notwendige Flexibilität in der Führung des Unternehmens zu bewahren, um den sich verändernden Bedingungen inner-

halb der Unternehmung und der Umwelt gerecht zu werden (Beispiel: die deutsche Stahlindustrie).
Was Townsend vom Top-Manager gesagt hat, daß er nach einigen Jahren in derselben Stellung seine beste und produktivste Zeit hinter sich hat, gilt auch für Mitarbeiter im Mittelmanagement.
Egon Steigenberger, als Chef des Steigenberger Hotel Konzerns, betrachtete die *Rotation* seiner Führungskräfte als wesentlichen Faktor seiner großen Erfolge. So hat er beispielsweise alle paar Jahre seine Spitzenkräfte, die Direktoren seiner Hotels, rotiert.
Es gibt auch eine Überlegung, daß umsichtige Manager es niemals dulden, von ihrer *Sekretärin* oder ihrem persönlichen Assistenten abhängig zu werden.
Das ist aber kaum zu vermeiden, wenn diese Mitarbeiter über viele Jahre an der Seite des Chefs arbeiten.
Für sie sind daher *zwei Jahre* in einer derart verantwortungsvollen Stellung genug. Also Short-term- statt Long-term-Sekretärinnen und -Assistenten.
Was wäre uns erspart geblieben, wenn die Bonner Politiker nach diesem Grundsatz handeln würden (vgl. Gesetz Nr. 30).

Gesetz Nr. 82

Die Treue zur Unternehmung ist rückläufig.

»Die alte Loyalität des Organistionsmenschen scheint sich in Rauch aufzulösen. An ihrer Stelle beobachten wir das Aufkommen von Berufsgruppen-Treue.« (Alvin Toffler)

Wird die Treue des Mitarbeiters zur Unternehmung ein Mythos?
Langjährige Mitarbeiter garantieren Kontinuität. Aber sie können auch unselbständig, unsicher, ideenlos, abhängig und eine Bremse für ein dynamisches Management sein. Sie gelten im allgemeinen als treu und pflichtbewußt, aber diese *Treue wird sofort zerbrechen,* wenn ihre Hoffnungen auf Beförderung oder Gehaltserhöhung enttäuscht werden.
Rosabeth Moss Kanter: »Der schläfrige, solide Bürger, der 30 Jahre für die gleiche Firma arbeitet, ist nicht loyal. Er ist lediglich jemand, der nichts Besseres gefunden hat.«
Die Unternehmen in Westeuropa und den USA, die in den 80er Jahren große Teile ihrer Belegschaft entlassen oder ihre Bezüge reduziert haben, haben die Loyalität ihrer Mitarbeiter weitgehend eingebüßt.
Statt Loyalität dominieren jetzt Zynismus und Egoismus, der Preis für reduzierte Gemeinkosten. Der Glaube, daß das Unternehmen sich in Zeiten der Not seiner Leute annehmen wird, ist kaputt.
Ein Vorstandsmitglied für Marketing, das gerade seine Stellung über Nacht wegen einer Fusion verloren hatte und froh war, eine neue Position gefunden zu haben: »Ich bin loyal in dem Sinne, daß ich mein Bestes für die Firma gebe. Aber diese Loyalität hat mit meinen persönlichen Gefühlen nichts mehr zu tun.«
Der Manager, der auch ein Führer sein will, muß diesen Veränderungen Rechnung tragen.

Gesetz Nr. 83

Betriebsklima hat mit Freude zu tun.

»Es wird die Zeit kommen, in der die Firmen wieder von Persönlichkeiten geführt werden, die ein Klima der Freude fördern.« (Carl Zimmerer)

C. Northcote Parkinson hat in seiner leicht süffisanten Art auch hierzu Stellung bezogen. Nach einem Arbeitsessen mit weiblichen Mitarbeitern eines Management-Instituts, das sehr fröhlich verlaufen war, kommentierte er: »Very attractive people!« Und er fügte hinzu: »Mind you, I have no evil thoughts – Ich habe keine bösen Absichten. But I want to have attractive people round me – Aber ich möchte *attraktive* Menschen um mich herum haben.«
Wobei es klar war, daß er mit »attractive« mehr meinte als äußerliche Schönheit. Eben *Anziehungskraft;* etwas, was auch jeder Chef besitzen sollte.
Ein Klima der Freude zu schaffen, auch in einem *kompromißlos ergebnisorientierten* Unternehmen, das ist die Kunst des Führens, von der Carl Zimmerer spricht. Denn es ist der Vorgesetzte, der die Qualität der Beziehungen zu seinen Mitarbeitern bestimmt.
Diese Kunst des Führens wird oft vergessen oder erst gar nicht zur Kenntnis genommen. Fangen wir an, indem wir uns mit *begeisterungsfähigen* Menschen umgeben, denen wir interessante Arbeit übertragen.
Alfred Mohler: »Arbeit, die wir gerne tun, erhöht unsere Lebensfreude.«
Dies wird bestätigt durch Meinungsumfragen, wonach von zehn Bedürfnissen, welche Mitarbeiter nach ihrer Wichtigkeit für sich selbst klassifizieren sollten (gute Bezahlung, informiert sein, Sicherheit des Arbeitsplatzes etc.), fast immer an erster Stelle steht: *»Interessante Arbeit«*.

RANG

Kommunizieren

Kommunikation
übersetzt Zielsetzungen
in konkrete Handlungen.

Kommunizieren

Gesetz-Nr.

84.	Kommunikator
85.	Kommunikation
86.	Berichte
87.	Kommunikationswege
88.	Kommunikation
89.	Kommunikationskanäle
90.	Kommunikation – Auswirkungen
91.	Wer fragt
92.	Zuhörer
93.	Kommunikation – nicht-verbale
94.	Kommunikation – Handlung
95.	Konfliktmanagement
96.	Konfliktlösung
97.	Konfliktbewältigung
98.	Wahrheit
99.	Killerphrasen
100.	Klare Antworten

Gesetz Nr. 84

Der gute Manager ist auch ein guter Kommunikator.

»Kommunikation ist der Prozeß der gesteuerten Übermittlung von Informationen und Meinungen – und darüber hinaus der Prozeß der Verständigung zwischen den Menschen. Und sie ist das Bemühen, soziale Kontakte zu bewahren oder zu verändern.« (Rupert Lay S. J.)

Die Wahl- und Regierungserfolge Präsident Reagans beruhen in erster Linie auf seiner Fähigkeit zu kommunizieren. Nicht umsonst erhielt er schon kurz nach seinem Amtsantritt den Beinamen »*The great communicator*«.
In unseren Unternehmungen ist die Kommunikation der *Informationsfluß* zwischen den Mitarbeitern. Es ist die Kommunikation, die ein Unternehmen als Institution zusammenhält.
Carl Duerr: »Management ist Kommunikation. Kommunikation ist der Schlüssel zu allen Managementproblemen.«
In jedem Unternehmen gibt es drei Kommunikationswege: Einmal die Kommunikation nach oben: Sie ist die Grundlage von Entscheidungen.
Zum zweiten: die Kommunikation nach unten. Sie besteht aus Anweisungen, Empfehlungen und Beratung.
Und drittens: die Information auf gleicher hierarchischer Ebene. Sie dient zum Austausch von Kenntnissen und Erfahrungen, meistens Fach- und Spezialkenntnissen.
In der täglichen Praxis bedeutet dies, daß jedes Mitglied einer Organisation irgend jemandem berichten muß, basierend auf seiner formalen Einbindung in die Organisation. Von diesen offiziellen, formalen Organisationsstrukturen und Kommunikationswegen unterscheiden wir die informellen (vgl. Gesetz Nr. 89).

Gesetz Nr. 85

Wenige betriebliche Prozesse sind störanfälliger als die Kommunikation, ganz besonders die mündliche.

»I am a great believer in the written word.«
(Winston S. Churchill)

Ich glaube an das *geschriebene* Wort, sagt Churchill. Er wußte warum.

Die Formen der Kommunikation sind schriftlich, mündlich oder eine Kombination dieser beiden. Die *Störfaktoren* der Kommunikation sind vielfältig. Sie können objektiver Natur sein; dann liegen sie in den formalen Strukturen begründet; z. B. unzweckmäßige Organisation, nicht eindeutig festgelegter Berichtsweg, ein falscher Verteiler.

Sie können aber auch subjektiver Art sein; dann liegen sie im Verhalten des einzelnen Mitarbeiters begründet; z. B. unterschiedliche Interpretation von Begriffen, mangelndes Einfühlungsvermögen, die weit verbreitete Unfähigkeit zuzuhören.

Und schließlich können Störfaktoren psychologische Ursachen haben; z. B. Mangel an Vertrauen, Angst vor Kritik, Rivalität, das Bestreben, sich durch Geheimhaltung von Informationen Herrschaftswissen und künstliche Autorität zu verschaffen (wer kennt nicht solche Chefs – und Politiker!) (vgl. Gesetz Nr. 52).

Gesetz Nr. 86

Gute Berichte sind kurz.

»Schreiben ist geschäftiger Müßiggang. Während ich schreibe, was ich getan habe, verliere ich die Zeit, in der ich etwas tun könnte.« (Götz von Berlichingen)

Was Goethe seinen Helden, Götz von Berlichingen, bei der Abfassung seiner Autobiographie sagen ließ, gilt auch noch heute.
Das berühmteste Vorbild für kurze Berichte ist Procter & Gamble: Ein innerbetrieblicher Bericht darf niemals länger als eine Schreibmaschinenseite sein, ganz egal, was der Anlaß, wer der Adressat, welches das Thema ist. Das berühmte »One-page-memo«.
Diese Kurzfassung ist eine wesentliche Voraussetzung dafür, daß der Bericht überhaupt zur Kenntnis genommen wird.
Kurze Berichte zu verfassen ist anfangs sehr *zeitaufwendig*. Ein Grund, warum sie so selten sind.

Gesetz Nr. 87

Moderner Führungsstil schafft offene Kommunikationswege.

»Die erfolgreichen Unternehmen sind ein einziges großes Netz informeller, offener Kommunikation.«
(Thomas J. Peters und Robert H. Waterman jun.)

Informationen werden teilweise immer noch als Statussymbole betrachtet. Dies hemmt den Informationskreislauf und damit den Erfolg des Unternehmens. Ohne Informationen können Mitarbeiter keine Höchstleistungen erzielen.

Und Mitarbeiter wollen *informiert* sein.

In ihrer Bedürfnisskala steht dieser Wunsch regelmäßig weit oben.

Der Grund ist ein sehr einfacher. Der informierte Mitarbeiter kann gleichzeitig eine ganze Reihe anderer Bedürfnisse (Informationswünsche) indirekt befriedigen: seine Aufstiegsmöglichkeiten, die Sicherheit seines Arbeitsplatzes, Aufbesserung seines Einkommens, vor allem aber seine eigene Reputation im Unternehmen.

Wir sagten im Kommentar zu Gesetz Nr. 52, daß die *Monopolisierung* von *Wissen* zu *Herrschaftswissen* führt, und letzteres meist ein Zeichen von *Führungsschwäche* ist.

Umgekehrt pflegt der erfolgreiche Manager offene Kommunikationswege. Ein klassisches Beispiel lieferte Helmut Schmidt, der vor seinen engsten Mitarbeitern keine Geheimnisse hatte. Sein ausgeprägtes Selbstbewußtsein machte das unnötig.

Gesetz Nr. 88

Effizientes Kommunizieren ist einfach, klar und unmißverständlich.

»Der Sprechende sendet eine Fülle von Botschaften, die meist nur teilweise vom Hörenden wahrgenommen und verarbeitet werden.« (Rupert Lay S. J.)

Manager müssen sich in ihren schriftlichen und mündlichen Äußerungen klar und einfach ausdrücken. Keine ausgefallenen Wörter, keine unnötigen Fremdwörter, keine emotionsbeladenen Ausdrücke, keine komplizierte Satzbildung. Hauptsätze, Hauptsätze! Die Kommunikation muß einfach und kurz sein. Sie muß direkt zum *Kern der Sache* gehen.
Die Person, die sich nicht klar ausdrücken kann, kann meist auch nicht klar denken.
Ludwig Wittgenstein: »Alles was sich aussprechen läßt, läßt sich klar aussprechen.«
Dazu gehört natürlich auch, daß der Manager das, was er zu kommunizieren hat, selber kommuniziert. Er braucht keine Vermittler.
Werner Baier: »Die Institution eines Regierungssprechers ist ein Anachronismus. – Er vertritt etwas, an dessen Zustandekommen er keinen Anteil hatte.«

Gesetz Nr. 89

Informelle Kommunikationskanäle werden von dem Manager nicht vernachlässigt.

»Die informelle (inoffizielle) Organisation ist ein lebenswichtiger Kommunikationsweg.«

(Chester Barnard)

Durch das formelle Kommunikationsnetzwerk können Nachrichten von Bedeutung direkt an die Unternehmensspitze geleitet werden. Informelle Kommunikationswege können und werden benutzt, wenn die *offiziellen Kommunikationswege blockiert* oder nicht zugänglich sind.
Eine Unternehmung war konfrontiert mit zu hohen, steigenden Produktionskosten. Die Schließung des Betriebes drohte. Zu der Zeit war die Sekretärin des Managers das Zentrum des informellen Kommunikationsnetzes in diesem Betrieb. Der Manager benutzte diese Kommunikationsmöglichkeit, um – auf dem Umweg über seine Sekretärin – allen Mitarbeitern die Nachricht zukommen zu lassen, daß die Stillegung des Werkes bevorstand.
Dies war ein Vabanquespiel, aber die von dem Manager erhoffte *konstruktive Reaktion* trat ein.
Die Arbeiter in der Fabrik wurden plötzlich aktiv und machten Vorschläge, wie man die Produktion steigern und die Kosten senken könne.
Das Unternehmen wurde gerettet; durch die informellen Kommunikationskanäle.
Das obige Beispiel demonstriert, daß die informelle Organisation als Voraussetzung für die informellen Kommunikationskanäle unentbehrlich ist.

Gesetz Nr. 90

Der Manager berücksichtigt sorgfältig die Auswirkungen jeder Kommunikation.

»Die eine Hälfte der Menschheit drückt sich falsch aus, und die andere Hälfte mißversteht es.« (Roda Roda)

Manager unterlassen es häufig, die tatsächlichen Folgen ihrer Kommunikation zu berücksichtigen. Sie denken vor allem nicht darüber nach, mit welcher Sorge und Sorgfalt ihre Äußerungen und Handlungen von ihren Mitarbeitern beachtet werden.
Obwohl eine Kommunikation nur an eine Person oder eine Gruppe gerichtet sein mag, kann der Manager mit absoluter Sicherheit damit rechnen, daß sie fast *jeder* in der Organisation zur *Kenntnis* nehmen wird, oft *mißverständlich.*
Wie werden die nur mittelbar Betroffenen oder Neutralen reagieren? Die Vorgesetzten dürfen nicht überrascht sein, wenn manchmal völlig unerwartete Reaktionen eintreten.
Daher: Sorgfalt beim Kommunizieren.

Gesetz Nr. 91

Wer fragt, der führt.

»A sudden bold and unexpected question doth many times surprise a man and lay him open.« (Francis Bacon)

Eine plötzliche, kühne und unerwartete Frage wird einen Menschen oft überraschen und sein Inneres offenlegen, sagte Francis Bacon.
Wer in einem Gespräch der *Fragende* ist, bestimmt den *Gesprächsverlauf* und öffnet seinen Gesprächspartner.
Vorgesetzte fragen ihre Mitarbeiter so oft wie möglich, um gemeinsam bessere Wege und Lösungen für anstehende Probleme zu finden.
Aber bei diesen und anderen Gelegenheiten sollten wir die Warnung von Pater Lay S.J. beherzigen:
»Eine Frage ist immer auch ein Angriff.«
Dieser Hinweis zielt zwar vornehmlich auf das Verhalten in einem Streitgespräch, gilt aber in gemilderter Form für alle Arten der Kommunikation.

Gesetz Nr. 92

Ein guter Vorgesetzter ist ein guter Zuhörer.

»He listened always, and, if he did not settle the case himself, called Sharraf or Faiz to arrange it for him. This extreme patience was a further lesson to me of what native headship in Arabia meant.« (Thomas E. Lawrence)

Für den Engländer Lawrence war es eine Lehre zu erleben, mit welcher Geduld Feisal, der Scherif von Mekka, seinen Besuchern zuhörte, ihre Anliegen zur Kenntnis nahm und seine Entscheidungen traf oder auch delegierte.
Für den modernen Europäer gilt das keineswegs. Harald Scheerer: »Wir heutigen Menschen haben die *Kunst des Zuhörens* weitgehend verloren.«
Jeder Chef muß *geduldig anhören,* was seine Mitarbeiter (und seine Vorgesetzten) ihm zu sagen haben. Er muß sie reden lassen. Sie werden vieles zu erzählen haben. Er wird viel erfahren. Sie glauben alle, sie hätten etwas Interessantes zu sagen. Meistens stimmt das sogar.
Umgekehrt hat der selbstbewußte Chef eine gesunde Abneigung, über sich selbst zu reden. Er interessiert sich mehr für die anderen. Wer dabei gewinnt, ist er. An Wissen und an Sympathie.

Gesetz Nr. 93

Wenn verbale und nonverbale Botschaften sich widersprechen, so ist die nonverbale die richtige und ehrliche.

»Eine Person sendet nichtverbale Information, unabhängig von ihrem Wunsch, dies nicht zu tun.« (James A. Lee)

Lächeln, Stirnrunzeln, Gesten der Hände, der Füße, des Kopfes, des Körpers sind nonverbale Kommunikation.
Sie können bedeutende Signale für den Gesprächspartner sein. Diese Bewegungen verraten die *wahre Haltung*, die wahre Meinung, die wahre Stimmung des Gesprächspartners.
Professor Rupert Lay S. J. beobachtete einmal aus einiger Entfernung, wie einer seiner Bekannten von einem Journalisten interviewt wurde.
Später fragte er den Interviewten, wie es gelaufen sei. Der Betreffende meinte: »Oh, ich glaube, es ist sehr gut gelaufen.« »Im Gegenteil«, sagte Pater Lay, »ich habe ihn beobachtet. Er wird einen sehr feindseligen Artikel über Sie schreiben.« Und so geschah es.
Die nonverbale Botschaft war die richtige gewesen.
Pater Lay hatte die (unbewußten) Signale des Journalisten richtig interpretiert.
Wir möchten aber vor der oberflächlichen, schematischen Interpretation der »Körpersprache« warnen: Zupfen am Ohr bedeutet dieses, übereinandergeschlagene Beine jenes. Das ist Scharlatanerie. Der Körper sendet Signale, aber er spricht nicht.
Und noch ein Hinweis. Wirklich große Redner verzichten auf jegliche Gestik. Sie wissen, die Geste ist ein (primitiver) Vorläufer der Sprache.

Gesetz Nr. 94

Keine Kommunikation ohne vorherige Planung.
Keine Kommunikation ohne nachfolgende Handlung.

»Who
says what
in which channel
to whom
with what effect.«

(Die Lasswell-Formel)

Bei jeder Kommunikation liegt die Bedeutung laut der Lasswell-Formel auf »with what effect«, mit welcher Wirkung, *warum wird kommuniziert.*
Kommunikation ist das Empfangen oder Weitergeben von Information. Wenn Manager kommunizieren, so tun sie es, um eine Handlung oder Änderung herbeizuführen. Sie erwarten vom Empfänger der Kommunikation eine *Reaktion,* ein Feedback, eine Vollzugsmeldung, um sicher zu sein, daß das, was sie gewünscht haben, befolgt und durchgeführt wird.
Die Kommunikation einer Botschaft, die beim Empfänger keine Aktion auslöst, ist meist *überflüssig.* Sie hätte dann nie kommuniziert werden sollen.

Gesetz Nr. 95

Konfliktmanagement beginnt mit der Ursachenforschung.

»Direkte Gegenüberstellung heißt, den Konflikt offen auf den Tisch des Hauses auszubreiten, so daß er von allen Beteiligten untersucht und beurteilt werden kann, wobei dann auch die Ursachen, die zu dem Konflikt geführt haben, festgelegt werden können.
Offenheit ruft Offenheit hervor.«

(Robert R. Blake und Jane S. Mouton)

Viele Konflikte schwelen weiter, weil an den Symptomen kuriert wird; besonders funktionsübergreifende Konflikte fallen unter diese Kategorie. Sie sind hartnäckig und schwierig zu lösen.
Zum Beispiel:
Eine überzogene Prognose der Marketingabteilung veranlaßt die Produktion, zuviel herzustellen. Es kommt zum Konflikt. Die Marketingabteilung gibt die Schuld der Marktforschung, anstatt den eigenen Fehler zuzugeben.
Derartige Situationen machen das sofortige Eingreifen der Unternehmensführung notwendig.
Grundsätzlich erfordert Konfliktmanagement die Erziehung der Mitarbeiter zur Konfliktfähigkeit. Konfliktfähige Mitarbeiter sind mündige Mitarbeiter.
Konflikte sind oft produktiv nutzbar, sie sind dann das Salz im Betrieb.
Konflikte sind für die Persönlichkeits- und Organisationsentwicklung notwendig.
Früher waren Konflikte unerfreuliche Begleiterscheinungen betrieblichen Zusammenlebens. Heute hat man erkannt, daß sie auch unerwartete Chancen bieten, zum Beispiel zur Innovation.

Gesetz Nr. 96

Der Manager sucht eine Konfliktlösung.

»Unterdrückung, Vermeidung und Überspielung von Konflikten verhindern ihre konstruktive Handhabung.«

(Eckart Flöther)

Der Manager muß sich dessen bewußt sein, daß die Menschen auf Konflikte sehr unterschiedlich reagieren. Normalerweise sucht jeder zuerst nach einer Konfliktlösung, die sich in der Vergangenheit schon einmal als erfolgreich erwiesen hat. Das ist ein sogenannter *Positiver Verstärker.* Findet er aber in seiner Vergangenheit kein entsprechendes Muster, so wird er meist versuchen, den Konflikt zu überspielen.
Dann schwelt der Konflikt weiter.
Ein Konflikt entsteht aus einer Krise. Die Krise ist die Widerspiegelung eines Ungleichgewichts. Nur eine konstruktive Konfliktlösung, die den Hintergrund des Konflikts erkennt, wird die Krise überwinden.

Gesetz Nr. 97

Echte Konfliktbewältigung kennt weder Sieger noch Besiegte.

»Jeder Sieg zeugt neuen Krieg.« (Harald Scheerer)

Der Metalltarifkonflikt von 1984 war ein gutes Beispiel, wie beide Tarifpartner nach Austragung des Konflikts verloren. Diese Verlust-Verlust-Methode muß nicht sein.
Es gibt eine *Gewinn-Gewinn-Methode.*
Die setzt die echte Kompromißbereitschaft der Konfliktpartner voraus.
Keiner der Partner fühlt sich als Verlierer.
Rupert Lay: »Dialektik heißt, eine Verhandlung so zu führen, daß am Ende beide Seiten zufrieden sind.«
Aber wir dürfen die Augen nicht vor der Tatsache verschließen, daß es Chefs gibt, die keine Konfliktbewältigung suchen. Im Gegenteil. Sie bauen den permanenten Konflikt in ihre Organisationsstrukturen ein. Das Dritte Reich ist hierfür ein Musterbeispiel.
Rivalisierende Unterchefs, rivalisierende Ämter, rivalisierende Zuständigkeiten waren die Regel.
Joachim Fest: »Hitler sicherte die eigene Macht gerade, indem er die Machtkonflikte in seiner Umgebung niemals wirklich löste.«
Und die Folgen? Wiederum Joachim Fest: »Kaum je hat ein Versuch zur Konzentration aller Macht in einer Person so offenkundig in gänzlicher Desorganisation geendet.«
Vorstandsvorsitzer, die für jedes Vorstandsressort eine korrespondierende, ihnen direkt unterstellte Stabsabteilung organisieren, organisieren den programmierten Konflikt. Aber solche und ähnliche Fälle sind nicht selten.
Wer das Gegenteil vermutet, glaubt an einen Mythos.

Gesetz Nr. 98

Der Umgang mit der Wahrheit ist eine Frage der Auslegung.

»Die Lüge ist erlaubt, wenn der moralische und ethische Wert der Person oder der Sache, die man durch die Lüge schützen oder fördern will, höher einzuschätzen ist als der moralische und ethische Wert der Wahrheit.«

(Alte und neue Weisheit)

Wer sich eindeutig zu dieser delikaten Problematik geäußert hat, war Machiavelli.

Zwar sagt Machiavelli klar und deutlich, wie *lobenswert* es für einen Herrscher sei, wenn er sein *Wort hält* und ehrlich und ohne Verschlagenheit seinen Weg geht. Aber, fügt er hinzu, nur jene Herrscher haben etwas Bedeutendes geleistet, die wenig von der Treue gehalten haben und denen es gelungen ist, mit List und Verschlagenheit die Köpfe der Menschen zu verdrehen.

Ein kluger Machthaber darf sein Wort unter keinen Umständen halten, wenn ihm dies zum Schaden gereichen würde und wenn die Gründe weggefallen sind, die ihn zu seinem Versprechen veranlaßt hatten.

Von dem Papst Alexander VI. (Borgia) meint Machiavelli, daß er nichts anderes tat und sann, als die Menschen zu hintergehen. Es hätte noch nie einen Menschen gegeben, der seine Beteuerungen wirkungsvoller vorgebracht, seine Versprechungen feierlicher beschworen und weniger gehalten hätte.

Trotzdem gelangen ihm seine Betrügereien stets nach Wunsch. So gut kannte er die schwache Seite der Menschen.

Entscheidend ist immer der *Enderfolg*. Ein Herrscher braucht nur zu siegen und seine Herrschaft zu behaupten, so werden die Mittel dazu stets als ehrenvoll angesehen und von jedem gelobt werden.

Denn der Pöbel hält sich immer an den Schein und den Erfolg, und in der Welt gibt es nichts als Pöbel.

– Soweit Machiavelli –

Gesetz Nr. 99

Killerphrasen töten Wichtigtuerei und Übertreibungen.

»Gast zum Kellner, nachdem er einen Schluck aus der Tasse genommen hatte: If that is coffee, I want tea. And if that is tea, I want coffee.« (Cyril Northcote Parkinson)

»Wenn das Kaffee sein soll, möchte ich Tee.
Und wenn das Tee sein soll, möchte ich Kaffee.«
Ein Satz, der keine Diskussion zuläßt.
Killerphrasen sind geeignet, das aufgeblasene Ego eines Wichtigtuers zu zerstören.
Killerphrasen sind ideal, um Leute auf ihren Platz zu verweisen.
Und sie *beenden nutzlose* und unproduktive *Diskussionen.*
Die Zeit eines Managers ist wertvoll.
Charles Wilson, Präsident von General Motors und später Verteidigungsminister der USA, reagierte in einer berühmt gewordenen Art auf Vorschläge oder Ideen, die ihm nicht gefielen. Er schaute eine Zeitlang schweigend zum Fenster hinaus, um dann von etwas völlig anderem zu sprechen. Seine Gesprächspartner hüteten sich, das Thema je wieder anzuschneiden.
Eine zeitsparende und nur oberflächlich unhöfliche Methode. Denn es fielen keine negativen Worte.
A silent kill.

Gesetz Nr. 100

Klare Antworten verlangen klare Fragen.

»Wird Präsident Reagan die nächsten fünf Jahre überleben?« (Amerikanischer Reporter)

Die obige Frage wurde auf der Pressekonferenz gestellt, die von Dr. Steven Rosenberg, dem Chefchirurgen und Direktor des amerikanischen Krebsinstituts, mit den Worten eröffnet worden war:

»The President has cancer – Der Präsident hat Krebs.«

Und nun,
das letzte Zitat:

»Well done is better than well said –
Gut getan ist besser als gut gesagt.« (Benjamin Franklin)

Personenverzeichnis

Bower, Marvin, * 1924
Director of Mc Kinsey, Management-Berater
»The Will to Manage«

Brecht, Bert, 1898–1956
»Die Dreigroschenoper«

Burnham, James, * 1905
Historiker, Soziologe und Publizist, Professor, Universität von New York
»The Managerial Revolution«
»The Machiavellians«

Catton, Bruce, * 1899
Historiker, Schriftsteller
»Never call Retreat«

Certo, Samuel L. * 1921
Professor of Management
»Principles of modern Management«

Churchill, Winston S., 1874–1965
»Der zweite Weltkrieg«

Guan, Dse, 300 vor Chr.
Chinesischer Weiser
Zitat aus: »So sprach der Weise – Chinesisches Gedankengut aus drei Jahrtausenden«

Dai Dschen, 1723–1777
Chinesischer Weiser
Zitat aus: »So sprach der Weise – Chinesisches Gedankengut aus drei Jahrtausenden«

Douglas, Henry Kyd, 1840–1903
Rechtsanwalt, Brigadegeneral der Konföderierten Armeen
»I rode with Stonewall«

Drucker, Peter F., * 1909
Professor of Management, Publizist
»The Practice of Management«

Duerr, Carl, * 1915
Manager
»Lebenskünstler im Chefsessel – Erfahrungen eines Krisen-Managers«

Durant, Will J., 1885–1981
Philosoph, Kulturhistoriker
»Die Kulturgeschichte der Menschheit«

Ebner-Eschenbach, Marie Freifrau von, 1830–1916
Schriftstellerin

Eglau, Hans Otto, * 1939
Wirtschaftspublizist
»Kampf der Giganten«

Engels, Friedrich, 1820–1895
Unternehmer, Mitbegründer des sog. wissenschaftlichen Sozialismus
»Die Entwicklung des Sozialismus von der Utopie zur Wissenschaft«

Prinz Eugen, 1663–1736
Österreichischer Feldmarschall

Evers, Heinz, * 1941
Management-Trainer und -Berater

Fabris, Richard, * 1937
Professor of Management, Direktor Management Institut Hohenstein

Fest, Joachim C., * 1926
Herausgeber der Frankfurter Allgemeinen Zeitung, Publizist
»Hitler – Eine Biographie«

Flex, Walter, 1887–1917
Dichter, Offizier
»Der Wanderer zwischen beiden Welten«

Flöther, Eckart, * 1939
Management-Trainer, Publizist
»Die Praxis der betrieblichen Weiterbildungsveranstaltung«

Ford II, Henry, * 1936

Franklin, Benjamin, 1706–1790
»Sayings«

Galbraith, John Kenneth, * 1908
Professor of Economics, Harvard Universität
»The new Industrial State«

Go Hung, 278–337
Chinesischer Weiser
Zitat aus: »So sprach der Weise – Chinesisches Gedankengut aus drei Jahrtausenden«

Goethe, Johann Wolfgang von, 1749–1832

Gordon, John F., 1883–1982
Ehemaliger Präsident von General Motors

Grillparzer, Franz, 1791–1872
»Weh' dem, der lügt«

Han Fe Dse, 280?–233 vor Chr.
Chinesischer Weiser
Zitat aus: »So sprach der Weise – Chinesisches Gedankengut aus drei Jahrtausenden«

Henkel, Konrad, * 1915
Vorsitzender des Aufsichtsrats der Henkel KGaA

Herrhausen, Alfred, * 1930
Vorstandssprecher der Deutschen Bank

Hippokrates, 460–377 vor Chr.
Griechischer Arzt

Holzach, Robert, * 1922
Vorsitzender des Verwaltungsrats, Schweizer Bankgesellschaft, Zürich
»Das Schwerste ist der Entschluß«

Iacocca, Lee, * 1922
Ehemaliger Präsident der Ford Motor Company, Präsident der Chrysler Company
»Iacocca – an Autobiography«

Jansen, Hans P., * 1929
Vorstandsvorsitzender Rhenania, Mannheim

Kant, Immanuel, 1724–1804

Kanter, Rosabeth Moss, * 1943
Professor of Management, Universität von New York

Killian, Ray A., * 1922
Vice President of Belk Stores, Director of American Management Association
»Managers must lead«

Kipling, Rudyard, 1865–1936
Englischer Schriftsteller
»Kaim«

Knudsen, Semon, * 1912
Ehemaliger Vize-Präsident, General Motors, Ehemaliger Präsident, Ford Motor Company

Koontz, Harold, * 1908 und O'Donnell, Cyril, * 1900
Professors of Management
»Principles of Management«

Kung-Fu-Dse (Konfuzius), 551–479 vor Chr.
Chinesischer Weiser
Zitat aus: »So sprach der Weise – Chinesisches Gedankengut aus drei Jahrtausenden«

Lawrence, Thomas E., 1888–1935
Orientalist, Führer der Arabischen Revolte 1916–1918
»Seven Pillars of Wisdom«

Lay, Rupert, * 1929
Ordinarius, Dozent an der Hochschule Sankt Georgen des Jesuiten-Ordens
»Dialektik für Manager«
»Führen durch das Wort«

Lee, James A., * 1927
Professor of Management, Publizist
»The Gold and Garbage in Management Theory«

Lee, Robert E., 1807–1870
General, Oberbefehlshaber der Konföderierten Armeen

Levitt, Theodore, * 1925
Management Consultant, Professor of Marketing
»Remarks in Lecture«

Longstreet, James, 1821–1904
General der Konföderierten Armeen

Lorean, John de, * 1917
Ehemaliger Vize-Präsident, General Motors
»On a clear day you can see General Motors«

Lorenz, Konrad, * 1903
Verhaltensforscher
»Das sogenannte Böse«

Lü Bu-we, 240? vor Chr.
Chinesischer Weiser
Zitat aus: »So sprach der Weise – Chinesisches Gedankengut aus drei Jahrtausenden«

Machiavelli, Niccolò, 1469–1527
»Der Fürst«

Maslow, Abraham, 1908–1970
Psychologe, Verhaltensforscher
»Motivation und Persönlichkeit«

Merkle, Hans L., * 1913
Vorsitzender des Aufsichtsrats, Robert Bosch GmbH, Stuttgart

Mohler, Alfred, * 1925
Dozent an der Hochschule St. Gallen, u. a.
»Die 100 Gesetze erfolgreicher Verhandlung«
»Die 100 Gesetze überzeugender Rhetorik«

Mohn, Reinhard, * 1921
Vorsitzender des Aufsichtsrats, Bertelsmann AG

Moltke, Graf Helmuth von, 1800–1891
Preußischer General-Feldmarschall

Murat, Joachim, 1767–1815
Marschall von Frankreich, König von Neapel

Niebuhr, Reinhold, 1892–1971
Theologe, Vertreter eines christlichen Realismus
»Moral Man and Immoral Society«

Odiorne, George S., * 1920
Professor of Management, Unternehmensberater
»Arbeits- und Führungstechnik des Chefs«

Parkinson, Cyril Northcote, 1909
Hochschulprofessor, Publizist, Historiker, Soziologe
»Parkinson's Law«

Peary, Robert E., 1856–1920
Amerikanischer Admiral, Entdecker des Nordpols

Peters, Thomas, * 1932, und Waterman, Robert, * 1937
Partner in Mc Kinsey & Company, Management-Berater
»In Search of Excellence«

Roda Roda, Alexander, 1872–1945
Österreichischer Offizier, Publizist
»Irrfahrten eines Humoristen«

Rosenberg, Steven, * 1941

Samuelson, Paul A., * 1915
Nobelpreisträger
»Foundations of Economy Analysis«

Scheerer, Harald, * 1925
Professor an der Fachhochschule Pforzheim,
»Erfolgreich führen durch Überzeugen«

Schelsky, Helmut, 1912–1984
Offizier, Schriftsteller
»Die Arbeit tun die anderen«

Schwinge, Erich, * 1903
»Der Staatsmann«

Shakespeare, William, 1564–1616

Skinner, Burrhus, * 1904
Verhaltensforscher, Professor an der Harvard Universität,
Erfinder der Programmierten Unterweisung
»The Psychology of Reinforcement«

Sloan, Alfred, 1875–1966
Langjähriger Präsident von General Motors
»My years with General Motors«

»Stonewall« Jackson, Thomas, 1824–1863
Generalleutnant der Konföderierten Armeen

Streithofen, Heinrich Basilius, * 1925
Dominikaner, Publizist
»Macht und Moral«

Taylor, Frederic, 1856–1915
Erster amerikanischer Management-Experte
»Wissenschaftliches Management«

Then, Werner, * 1931
Geschäftsführer randstad GmbH,
Vorsitzender
Deutsche Management-Gesellschaft

Toffler, Alvin, * 1928
Philosoph, Publizist
»Der Zukunftsschock«

Townsend, Robert, * 1924
Ehemaliger Präsident von Avis, Management-Berater
»Up the Organization«

Trotzki, Leo, 1879–1940
»Mein Leben. Versuch einer Autobiographie«

Wilde, Oscar, 1854–1900

Wittgenstein, Ludwig, 1889–1951
Philosoph

Zimmerer, Carl, * 1926
Unternehmer, Publizist
»Die Bilanzwahrheit und die Bilanzlüge«
»Hammer sein – nicht Amboß«